云南省哲学社会科学办公室专著出版基金

中国博士后经费（201203）

云南省科技厅应用基础研究基金（KKSY201208147）

云南省教育厅科学研究基金（2013Y335）

昆明理工大学人才培养基金（KKSY201208147）

股权分置改革、公司财务治理和企业战略转型

黄庆华　段万春◎著

The Split Share Structure Reform
Corporate Financial Governance and
the Change of Corperate Strategy

中国社会科学出版社

图书在版编目(CIP)数据

股权分置改革、公司财务治理和企业战略转型 / 黄庆华，段万春著.—北京：中国社会科学出版社，2015.8
ISBN 978 - 7 - 5161 - 6206 - 4

Ⅰ.①股… Ⅱ.①黄…②段… Ⅲ.①上市公司 - 股份制 - 经济体制改革 - 中国②上市公司 - 财务管理 - 研究 - 中国③上市公司 - 企业战略 - 研究 - 中国 Ⅳ.①F276.246

中国版本图书馆 CIP 数据核字(2015)第 117568 号

出 版 人	赵剑英	
责任编辑	任 明	
特约编辑	纪 宏	
责任校对	王 影	
责任印制	何 艳	

出 版	中国社会科学出版社	
社 址	北京鼓楼西大街甲 158 号	
邮 编	100720	
网 址	http：//www.csspw.cn	
发 行 部	010 - 84083685	
门 市 部	010 - 84029450	
经 销	新华书店及其他书店	

印刷装订	北京市兴怀印刷厂	
版 次	2015 年 8 月第 1 版	
印 次	2015 年 8 月第 1 次印刷	

开 本	710×1000 1/16	
印 张	13.5	
插 页	2	
字 数	232 千字	
定 价	55.00 元	

序

二十多年来，中国的资本市场经历了从无到有、从小到大的成长过程，与之相伴的制度变迁数不胜数，其中最重要的制度变革当数股权分置改革。股权分置改革的重要意义，正如吴晓求教授在其研究报告《股权分置改革后的中国资本市场》中提出的，从本质上说，股权分置改革试图从制度层面上"再造"中国资本市场，因而它不仅是迄今为止最重大、最复杂的结构性变革，而且对中国资本市场的发展和制度建设具有里程碑式的意义。随着时间的推移，股权分置改革对中国资本市场发展所带来的深刻影响正在不断显现，一个具有共同利益基础、收益与风险相匹配、激励功能和约束机制兼备的资本市场正在中国大地上形成。这也是上市公司实施公司财务治理的基础。

公司财务治理原本是一个企业微观层面的问题，牵涉到公司的治理结构、治理机制和治理效率等诸多影响企业财务绩效的因素。但基于"宏观经济微观化、微观经济宏观化"的新趋势和特点，本书的作者以独特的宏观视角研究这一企业微观层面的问题，即在中国深化经济体制改革的大背景下，深入考察宏观经济环境变化对微观企业带来的影响，并力图解析微观企业的新变化。

研究股权分置改革对公司财务治理的影响，导致企业战略的根本转变，最终又影响外部环境。看起来这似乎是一个闭环回路，实际上，这是一个螺旋形上升改进的过程，也正是中国资本市场及其微观主体不断完善的过程。

股权分置改革通过去除非流通股与流通股的界限，改变了上市公司的股权结构，影响财权的配置，进而影响公司财务治理在各项财务活动的决策，这些决策导致的不同资本结构、股利政策、控制权的变更反过来又会影响财权配置的变化，这种交互作用共同影响公司的财务治理效率，具体体现在短期绩效上或长期发展上。当然，企业财务治理不仅受制度变迁影响，还受许多外部经济和自然环境因素影响，特别是地方经济、能源消耗和环境保护等因素与国家的政策密切相关，会直接影响企业的资源配置和成长方式，从而影响企业的战略目标。企业的战略转型进一步体现在企业财务治理的各个方面，并对企业财务治理效率带来影响。

本书作者选择受股权分置改革影响最大的公司财务治理活动——融资、投资、利润分配、并购重组和激励约束等作为研究重点，着重考察股权结构变化所导致的公司财务治理结构中的权力配置变化，以及不同利益相关者对财务决策活动的影响。同时，这些财务决策在实施过程中，又会反过来影响公司的股权结构，进而影响公司财务治理结构。这些因素相互作用形成动态的财务治理过程，使得上市公司从追求短期目标——企业绩效过渡到追求长期目标——企业成长，从粗放型发展转变为集约型发展，进而实现企业的战略转型。

作者通过对股权分置改革的长短期目标和企业战略转型的分析，逐层深入剖析内外部环境变化对股权分置改革的影响，在此基础上研究评价了股权分置改革对公司财务治理的影响及路径。一方面有利于客观评价股权分置改革对上市公司财务治理的影响，促使企业选择正确的财务治理结构和机制，提高上市公司财务治理效率；另一方面有利于深化中国资本市场改革，减少中国资本市场在制度变迁中的路径依赖，加强制度创新，促进资本市场健康发展。方法论上，本书通过构造一个三时期对比计量模型，对股权分置改革不同时段财务治理分别进行前后对比分析，揭示了不同阶段股权分置改革对上市公司财务治理的不同影响。还引入评价生产效率用的数据包络方法，对公司财务治理效率进行分析评价，找到了股权分置改革影响财务治理效率的主要因素。此外，运用灰色数学模型论证企业的战略转型，从演化经济学和企业网络理论角度，提出利益相关者共同治理和相机治理相结合的财务治理新机制。这些创新性方法及建议，对于进一步完善公司治理具有重要理论意义和实践价值。

本书的出版定将有助于增进读者对中国资本市场发展及改革的了解，引发人们更积极的思考，推动人们更自觉的实践。期待作者进一步拓展和深化对公司财务治理的研究，尤其是探索建立更加完善的财务治理评价指标体系及方法，不断向读者奉献新的研究成果。读者有这种需求，作者也有这种能力。

施本植

2015 年 3 月 25 日于云南大学东陆园

前　言

随着中国经济体制改革的全面推行和不断深化，社会制度和意识形态结构发生了深刻变化，中国证券市场的股权分置及其相关制度安排急需进行调整。吴晓求（2004）分析了股权分置存在八大危害：第一，流通股股东低买高卖，获取投机收益；而非流通股股东则希望大量分红，获取股利收益，股权分置使得上市公司流通股和非流通股股东之间利益不一致；第二，同股不同权不同价，控股的非流通股股东授意管理者操纵股价，粉饰利润，以期获得再融资，股权分置是市场内幕交易盛行的微观基础；第三，股权分置必然引发市场机制失真；第四，股权分置导致上市公司控股股东或实际控制人扭曲的战略行为；第五，股权分置是中国上市公司疯狂追求高溢价股权融资的制度基础；第六，股权分置造成股利分配政策的不公平，大量持股的非流通股股东操控股东大会通过对自身有利的股利分配政策，利益分配机制处于失衡状态；第七，股权分置引发市场信息失真，使得上市公司的并购重组带有浓厚的投机性；第八，股权分置形成上市公司业绩下降，股票价格不断下跌与非流通股资产增值的奇怪逻辑。

中国正在从传统的计划经济向市场经济转变，要成长为成熟的市场经济，必然要经历经济演化过程，推动制度变迁。股权分置改革是中国资本市场的一次重大制度变迁，它对中国资本市场和上市公司的影响是深远的。股权分置改革到底有多大成效？从短期中国资本市场的表现来看，带来股价的上扬和股指的高涨，说明股权分置改革已经发挥了一定的效果，虽然不排除其中有投机的成分。但从长期来看股权分置改革的效果是否能持续，对改善公司财务治理有多大影响，都是值得思考的问题。企业作为微观经济单位，既是构成宏观经济的基础，又受到内外部环境的影响。处于社会经济网络中的企业，如何在外部环境影响企业战略目标转型的情况下，优化公司财务治理是急需解决的新问题。本研究选择股权分置改革给中国上市公司财务治理带来的影响为研究课题，一方面有利于客观评价股权分置改革对上市公司财务治理的影响，促使企业选择正确的财务治理结构和机制，提高上市公司财务治理效率；另一方面有利于深化中国资本市场改革，减少中国资本市场在制度变迁中的路径依赖，加强制度创新，促进资本市场健康发展。

本书首先介绍了选题背景、研究目的和意义，并对国内外的研究文献进行了梳理，说明了股权分置改革、企业战略和财务治理的理论基础，阐述了财务治理的内涵、财务治理结构、财务治理机制和财务治理效率。回顾了股权分置改革的三个阶段，剖析了股改前上市公司财务治理结构、机制、效率几方面存在的问题。本书选择2008年底全流通的70家上市公司作为样本，选择了企业绩效和成长的6个指标，以及公司财务治理相关的16个财务指标，通过实证分析，建立多元回归模型，深入分析了股权分置改革对上市公司财务治理的影响程度。在此基础上，运用规模可变的数据包络分析，评价公司的财务治理效率，发现其中的主要影响因素。同时，论文运用灰色关联模型，分三个区域对公司财务治理和外部环境的相互关系进行研究，发现外部环境影响下的企业战略转型对公司财务治理的影响。最终，寻找提高财务治理效率的途径。

本研究有如下结论：

（1）财务治理是由企业财务和公司治理交叉融合发展而来的，财务治理是公司治理的核心。财务治理理论中财务治理结构是基础和核心，财务治理机制是制度保证，而财务治理效率是最终目标。它们都会受到财务治理内外部环境的影响，并反映在公司治理行为上。

（2）股权分置改革对上市公司财务治理和企业战略的影响遵循如下路径：股权分置改革通过调整股权结构，改变了上市公司财务治理的内外部环境，内部通过上市公司的融资与风险、并购与重组、股利分配和激励约束等多种财务活动，体现了公司财务治理结构和机制的变化；而外部通过企业战略转型，使企业从追求短期目标转向重视长期目标，最终影响上市公司财务治理效率。

（3）中国资本市场股权分置改革的过程分为三个阶段，两个关键点。在股改实施阶段，股权分置改革对上市公司财务治理有较大的促进作用；在股票全流通阶段，股权分置改革对公司财务治理的促进作用有放缓的趋势。

（4）三时期对比计量模型分析表明，股权分置改革中持股主体的组成与持股比例都与经济绩效的指标呈正相关，表明改革的推进改变了股权结构，进而促使公司治理结构实现优化组合。

（5）公司财务治理结构的核心是利益制衡。在中国特色的国情下，机构投资者的介入，有效制约了内部人的控制权，增加了利益制衡机制的作用。

（6）股权分置改革对股东财务治理效率的影响要高于对公司总体财务治理的影响。在内部财务治理环境中，影响公司财务治理的主要因素有：机构持股、第一大股东持股、债权人治理、高管薪酬和独立董事制度。

（7）上市公司财务治理与外部环境密切相关。目前大部分企业的战略目标依然是企业价值最大化或股东价值最大化，采用的是"粗放型"的成长方式。但从发展趋势来看，企业战略目标正在转型，有利于提高公司财务治理效率。

（8）本研究从五个方面提出提高上市公司财务治理效率的途径：1）加速企业战略转型，确立利益相关者利益最大化目标，由"粗放型"成长转变为"集约型"成长；2）选择合适的财务治理主体，国有股有进有退，培育机构投资者，加强股东制衡；3）明确股东大会、董事会和监事会等财务治理机构的职责，建立完善的分层决策体系，强化独立董事的监督约束作用；4）加强公司内部的激励约束机制，制定科学的考核评价标准，建立一个综合薪酬、股权等多种激励方式的动态激励机制；5）创新财务治理机制，共同治理与相机治理相结合，进行动态的财务治理，提高财务治理效率。

本研究的创新之处在于：（1）运用三时期对比计量模型对股权分置改革不同时段财务治理分别进行前后的对比，研究发现不同阶段股权分置改革对上市公司财务治理的不同影响；（2）使用数据包络法对公司财务治理效率进行分析评价，发现股权分置改革影响财务治理效率的主要因素；（3）用灰色数学模型论证企业的战略转型，创新财务治理机制，从演化经济学和企业网络理论角度提出利益相关者共同治理和相机治理相结合。

本书共分为九章：

第一章导言，主要介绍本章的选题背景，研究目的，研究意义，国内外研究动态，研究思路和研究方法，本研究的创新之处；

　　第二章股权分置改革、企业战略与财务治理基本理论，主要介绍相关概念及内涵，相关理论的演变；

　　第三章股权分置改革的发展历程，回顾了股权分置改革的试点、全面推行和限售股上市流通等；

　　第四章股改前后公司财务治理变化的理论分析，分析了股改前上市公司财务治理存在的问题和股改后上市公司财务治理的变化；

　　第五章上市公司财务治理股改政策效应分析，选择样本变量，建立上市公司财务治理多元回归模型，分析股改不同阶段的政策效应，检验第四章理论分析提出的研究假设；

　　第六章上市公司财务治理效率评价，运用 DEA 方法构建财务治理投入产出模型，评价样本企业的财务治理效率，通过冗余分析发现敏感因素；

　　第七章股改影响下的财务治理与企业战略转型，运用灰色关联法分析股改影响下的财务治理变化与企业战略转型的内在关系；

　　第八章改善上市公司财务治理的途径，从五个方面提出改善上市公司的财务治理的措施；

　　第九章结论，总结本研究的结果，说明结论的实践应用，并指出研究的不足之处。

目　录

第一章　导言 ……………………………………………………（1）

　第一节　选题背景 ………………………………………………（1）

　第二节　研究目的和意义 ………………………………………（3）

　　一　研究目的 …………………………………………………（3）

　　二　研究意义 …………………………………………………（4）

　第三节　国内外研究动态 ………………………………………（5）

　　一　国外研究动态 ……………………………………………（5）

　　二　国内研究动态 ……………………………………………（11）

　　三　国内外研究动态评述 ……………………………………（20）

　第四节　研究思路与方法 ………………………………………（22）

　　一　研究思路 …………………………………………………（22）

　　二　研究方法 …………………………………………………（22）

第二章　股权分置改革、企业战略与财务治理基本理论 …………（24）

　第一节　相关概念及内涵 ………………………………………（24）

　　一　股权分置 …………………………………………………（24）

　　二　财务治理 …………………………………………………（25）

　　三　企业战略 …………………………………………………（26）

　　四　股权分置改革对财务治理及企业战略的影响路径 ………（28）

　第二节　相关理论演变 …………………………………………（30）

　　一　经济演化 …………………………………………………（30）

　　二　制度变迁理论 ……………………………………………（33）

　　三　公司财务理论 ……………………………………………（36）

　　四　公司治理理论 ……………………………………………（38）

　　五　财务治理理论 ……………………………………………（42）

　第三节　本章小结 ………………………………………………（44）

第三章　股权分置改革的发展历程 ……………………… （46）
　　第一节　股权分置改革的试点 ………………………… （47）
　　第二节　股权分置改革的全面推行 …………………… （48）
　　第三节　后股权分置改革/限售股上市流通 ………… （49）
　　第四节　本章小结 ……………………………………… （51）
第四章　股权分置改革前后公司财务治理变化的理论分析 ……… （52）
　　第一节　股权分置改革前上市公司财务治理存在的问题 …… （52）
　　　　一　财务治理结构问题 ………………………… （53）
　　　　二　财务治理机制问题 ………………………… （56）
　　　　三　财务治理效率问题 ………………………… （59）
　　第二节　股权分置改革后上市公司财务治理的变化 …… （61）
　　　　一　对公司股权结构的影响 …………………… （62）
　　　　二　对公司融资方式的影响 …………………… （64）
　　　　三　对公司股利政策的影响 …………………… （66）
　　　　四　对公司并购与重组的影响 ………………… （68）
　　　　五　对公司激励与约束机制的影响 …………… （70）
　　第三节　本章小结 ……………………………………… （72）
第五章　上市公司财务治理股权分置改革政策效应分析 …… （74）
　　第一节　建立公司财务治理多元回归模型 …………… （74）
　　　　一　财务治理样本选择 ………………………… （74）
　　　　二　财务治理变量选取 ………………………… （76）
　　　　三　财务治理样本数据描述性统计分析 ……… （83）
　　　　四　财务治理多元回归模型 …………………… （89）
　　第二节　财务治理多元回归分析 ……………………… （90）
　　　　一　股权分置改革实施前后政策效应分析 …… （90）
　　　　二　全流通前后政策效应分析 ………………… （98）
　　　　三　股权分置改革综合效应分析 ……………… （104）
　　第三节　财务治理变化假设验证 ……………………… （110）
　　第四节　本章小结 ……………………………………… （111）
第六章　上市公司财务治理效率评价 …………………… （113）
　　第一节　DEA 方法 …………………………………… （113）
　　　　一　技术效率和配置效率 ……………………… （114）

二　规模效率 ……………………………………………… (115)

三　投入导向性和产出导向性 …………………………… (117)

第二节　构建财务治理投入产出模型 ……………………… (117)

第三节　财务治理数据分析计量 …………………………… (119)

第四节　财务治理效率及冗余分析 ………………………… (125)

一　财务治理效率评价 …………………………………… (125)

二　财务治理冗余分析 …………………………………… (126)

第五节　本章小结 …………………………………………… (128)

第七章　股权分置改革影响下的财务治理与企业战略转型 ……… (129)

第一节　灰色关联数学模型法 ……………………………… (129)

第二节　公司财务治理及外部环境变量的选择 …………… (130)

第三节　建立财务治理与外部环境关联模型 ……………… (131)

第四节　财务治理变化与企业战略转型的互动分析 ……… (134)

一　东部地区上市公司财务治理与外部环境的灰色关联
　　分析 ………………………………………………… (134)

二　中部地区上市公司财务治理与外部环境的灰色关联
　　分析 ………………………………………………… (137)

三　西部地区上市公司财务治理与外部环境的灰色关联
　　分析 ………………………………………………… (140)

四　综合分析上市公司财务治理效率和企业战略因素 …… (143)

第五节　本章小结 …………………………………………… (143)

第八章　改善上市公司财务治理的途径 …………………… (145)

第一节　加速企业战略转型 ………………………………… (145)

一　利益相关者利益最大化 ……………………………… (145)

二　"粗放型"转变为"集约型" ……………………… (146)

第二节　选择合适的财务治理主体 ………………………… (147)

一　产权主体多元化，国有股有进有退 ………………… (147)

二　明确委托代理关系，政企职责分开 ………………… (147)

三　培育机构投资者，加强股东制衡 …………………… (148)

第三节　明确财务治理机构的职权 ………………………… (149)

一　股东大会 ……………………………………………… (149)

二　董事会 ………………………………………………… (151)

　　三　监事会 ···（152）

　第四节　建立健全激励机制 ·······························（152）

　　一　建立科学的考评机制 ·······························（153）

　　二　激励方式多样化 ·······································（153）

　第五节　创新财务治理机制 ·······························（154）

　第六节　本章小结 ···（155）

第九章　结论 ··（156）

　第一节　研究结论 ···（156）

　第二节　结论的实践应用 ···································（158）

　第三节　研究的局限性 ·······································（159）

附录 ···（160）

参考文献 ···（186）

后记 ···（201）

第一章

导　言

第一节　选题背景

中国股市建立的初衷是给国有企业募集资金，收集社会闲散资金补充国有企业的资本金，增加国有企业筹资的渠道，同时减轻高额银行储蓄对经济带来的压力。所以，股市建立初期上市的大部分是大型国有企业。为了保证这些上市国有企业的国有性质，同时避免股市上股价的波动影响国有资产的保值增值，国家有关规定和公司的招股说明书中都明确了一条，公开发行后公众股东所持有的股份可以在股票市场上自由公开买卖，而对公司上市前股东所持有的股份暂不允许上市流通，对不同的股权采取不同的上市流通政策，这就成为具有中国特色的股权分置格局。在当时中国经济体制改革所处的阶段，人们的思想意识还没有完全从计划经济体制转变到市场经济体制，股权分置是为大家所认可和接受的制度安排，也为中国股市创立和发展铺平了道路。

随着中国经济体制改革的全面推行和不断深化，社会制度和意识形态结构发生了深刻变化，股权分置及其相关制度安排需要进行适应性调整。而由于行政制度高度介入中国股市的发展进程，"股权分置利益倾向性缺陷"不仅没有得到及时纠正，反而在制度变迁过程中得到进一步强化，陷入严重的"路径依赖"困境。

具体而言，中国资本市场的股权分置存在八大危害：第一，流通股股东低买高卖，获取投机收益，而非流通股股东则希望大量分红，获取股利收益，股权分置使得上市公司流通股和非流通股股东之间利益不一致；第二，同股不同权不同价，控股的非流通股股东授意管理者操纵股价，粉饰利润，以期获得再融资，股权分置是市场内幕交易盛行的微观基础；第三，股权分置必然引发市场机制失真；第四，股权分置导致上市公司控股股东或实际控制人扭曲的战略行为；第五，股权分置是中国上市公司疯狂追求高溢价股权融资的制度基础；第六，股权分置造成股利分配政策的不公平，大量持股的非流通股股东操控股东大会通过对自身有利的股利分配政策，利益分配机制处于失衡状态；第七，股权分置引发市场信息失真，使得上市公司的并购重组带有浓厚的投机性；第八，股权分置形成上市公司业绩下降，股票价格不断下跌与非流通股资产增值的奇怪逻辑。

截至 2004 年底，中国上市公司总股本为 7149 亿元，其中非流通股股份 4543 亿元，占上市公司总股本的 64%，而国有股份在非流通股股份中占 74%。此时，股权分置制度导致交易费用高昂，持有大量股份的非流通股股东获得了企业的控制权，非流通股股东肆无忌惮地侵犯流通股股东利益，上市公司经营混乱，外部法规制度的缺失对中小流通股股东保护不力，导致市场信心丧失，流通股股东集体"用脚投票"，大量的抛售导致股市陷入空前的危机，沪指跌至股市建立以来的最低点——998.23 点。这些行为严重损害了中国资本市场持续发展的基础，资本市场改革迫在眉睫。

早在 20 世纪末，政府就进行了多次的国有股减持的尝试，但都以失败告终。1999 年 11 月推出国有股配售试点方案；2001 年 6 月正式启动国有股减持，但因为国有股减持没有根本解决中国股市的制度性缺陷，不被投资者和市场所接受。政府在利益的驱使下，推出的改革方案不能解决根本问题，打击了投资者的热情和信心，股票市场也一路走低，进入低迷状态。

直至 2004 年 2 月 2 日，国家正式颁布《国务院关于推进资本市场改革开放和稳定发展的若干意见》，确立了资本市场改革的方向，成为指导资本市场改革的纲领性文件。其后，证监会于 2005 年 4 月 29 日发布《关于上市公司股权分置改革试点有关问题的通知》，标志着资本市场改革迈出了重要的一步。为了探索股权分置改革如何实施，采取了先试点后铺开的方式，取得了初步的成功。

随着股权分置改革的逐步推进，中国的股市也逐渐复苏，一路高涨，最高在 2007 年涨至 6124 点。但当股权分置改革接近尾声时，"大小非"解禁带来市场出人意料的反应，股市暴跌，且股价波动幅度极大。那么股权分置改革的效应是否持久，到底会给上市公司和投资者带来什么样的影响？

股权分置改革表面上看是消除流通股和非流通股的界限，让非流通股获得流通权；实质上股权分置改革是利益关系的一次重新配置过程，也是中国资本市场的一次重大制度变迁。由于股权分置带来的诸多问题，资本市场、上市公司、投资者迫切需要一种新的制度代替现有的股权分置制度，这就需要一场基于市场需求的诱导型制度变迁，让市场上的利益相关者作为制度变迁的博弈主体，主导整个制度变迁过程。而中国的制度变迁主要是由政府主导的强制型制度变迁，由政府进行制度设计并实施改革。股权分置改革作为中国资本市场的制度变迁也不例外，政府作为改革主体主导了整个改革，错误地选择了强制型制度变迁方式，导致改革不彻底，存在许多潜在的问题。

计划经济向市场经济转变，成长为成熟的市场经济，经济演化过程需要制度变迁，同时也促成了制度变迁。股权分置改革是中国资本市场的一次重大制度变迁，它对中国资本市场和上市公司的影响是深远的。企业作为微观经济单位，它既是构成宏观经济的基础，又受到超越自身力量的外部宏观经济环境的影响。它的目标函数不但包括企业边界内的具体目标，在经济体制演进的过程中，还不断受到整体制度演进的影响。2010 年的哥本哈根国际气候大会，更是为企业的发展模式和社会责任施加了约束条件。处于社会经济网络中的企业或企业战略联盟，如何实现企业战略目标的转型与企业可持续发展是新环境下的新问题。

目前，股权分置改革已接近尾声，改革的实施也初见成效，但最终是否达到最初设定的目标，还有待进一步检验。同时，股权分置改革后的上市公司和资本市场仍然存在许多问题，"大小非"减持带来股票市场股价的剧烈波动，大股东与中小股东的利益冲突仍然存在。那么，值得我们反思的是：股权分置改革到底有多大成效？从短期中国资本市场的表现来看，带来股价的上扬和股指的高涨，说明股权分置改革已经发挥了一定的效果，虽然不排除其中有投机的成分。但从长期来看股权分置改革的效果是否能持续，对改善上市公司的治理有何影响，是关系到中国资本市场健康良性发展的重要问题。

第二节　研究目的和意义

一　研究目的

本研究主要着眼于中国资本市场股权分置改革对上市公司财务治理的影响，即股权分置改革的长期效应。重点研究以下几个方面：

1. 完善公司财务治理理论体系。以制度变迁理论、企业网络理论、公司治理理论和企业财务理论为基础，对公司财务治理理论进行完善，明确财务治理结构、财务治理机制、财务治理效率等相关概念，并予以应用。

2. 研究股权分置改革对上市公司财务治理的政策效应。明确股权分置改革影响上市公司财务治理的路径，对比股权分置改革前后上市公司的股权结构、融资方式、股利政策、并购重组和激励约束等变化及对企业绩效的影响，发现股权分置改革与上市公司财务治理结构和机制的内在关系。

3. 评价股权分置改革对上市公司财务治理效率的影响。运用实证的方法评价上市公司财务治理效率，发现股权分置改革影响公司财务治理效率的积极因素和消极因素。研究股权分置改革中制度创新的积极作用、路径依赖的消极影响，试图发现制度变迁中存在的问题。

4. 研究股权分置改革影响下的公司财务治理与地方经济和资源环境的相互关系。把上市公司作为整个企业网络的节点，分析上市公司绩效与地方经济、能源消耗、三废排放之间的相互影响关系，寻找股权分置改革后影响上市公司财务治理效率的企业战略因素。

5. 提出提高公司财务治理效率的措施。针对股权分置改革依然未能解决的问题，从财务治理目标的明确、财务治理主体的选择、财务治理结构的优化和财务治理机制的完善等方面提出政策建议，促进改革深化和上市公司财务治理的改善。

二 研究意义

通过研究股权分置改革对上市公司财务治理的影响，明确股权分置改革对公司财务治理的影响路径，评价公司财务治理效率的改善，研究股权分置改革影响下的公司财务治理与地方经济和资源环境的相互关系，以便发现股权分置改革制度设计和企业战略中存在的问题，据此提出深化股权分置改革、促进企业战略转型和提高上市公司财务治理的措施，其现实意义在于：

1. 有利于完善财务治理理论体系，明确财务治理在公司治理中的核心地位，使企业能抓住治理的重点。财务治理是公司治理的核心，而财务治理结构又是财务治理的重中之重，其中财权的配置是关键。财权配置就是要努力使剩余控制权与剩余索取权相对称，实现各利益主体的最终目标。

2. 有利于客观评价股权分置改革对上市公司财务治理的影响，促使企业选择正确的财务治理结构和机制，改善经营管理，提高上市公司财务治理效率。股权分置改革的直接目标是实现股票的全流通，而最终目标是通过一系列改革改善资本市场的效率和上市公司的质量。股权分置改革目标是否实现，进一步改革需要如何进行，要基于对目前改革效果的评价。

3. 有利于股权分置改革后的企业重新选择战略目标，加速企业战略转型，促进经济发展，降低能耗，保护环境。股权分置改革改变了企业的股权结构，不同主体的利益份额发生变化，各利益主体必然要求实现自身利益最大化，由此企业需要进行战略转型，使各主体利益统一于利益相关者的利益最大化目标，以长期利益代替短期利益，实现公司财务治理与外部环境的良性互动发展。

4. 有利于建立一种能适应市场经营机制的现代企业制度，逐步做到产权清晰、权责明确、政企分开、管理科学。中国上市公司主要是国有控股公司，国家既充当"裁判员"，又充当"运动员"，导致上市公司财务治理存在许多问题。通过股权分置改革能否解决这些问题，有赖于制度的变迁中各利益主体的权利和地位的界定。

5. 有利于进一步深化中国资本市场改革，减少中国资本市场在制度变迁中的路径依赖，加强制度创新，促进资本市场健康发展。早期中国特有的经济体制结构及资本市场的发展过程先天地决定了资本市场的痼疾，这在后来严重影响了经济的发展。股权分置改革试图通过一系列的措施解决这些问题，目前只是初步解决了股权分置的问题，还需要后续的配套改革实现最终目标。

第三节　国内外研究动态

一　国外研究动态

股权分置改革是中国转轨经济背景下的特殊产物，国外的上市公司不存在股权分置问题，故对此问题没有相关的研究。国外也没有财务治理的概念，它主要是由国内学者提出并发展起来的。财务治理是公司治理的一个重要方面，财务治理必须建立在公司治理的基础上，所以公司治理理论成为财务治理的基础理论。

同时，国外发达国家在经济演化过程中，网络经济的出现使得企业成为整个社会关系网络的节点，而企业绩效与外部经济自然环境的关系也越来越密切，诸多学者对企业的战略转型进行研究。本部分主要综述评价国外研究公司治理、企业理论和企业战略目标的相关文献。

（一）关于公司股权结构的研究

国外关于公司股权结构与治理绩效的关系研究最早始于 20 世纪 30 年代。伯利和米恩斯（Berle and Means，1932）通过研究认为在公司股权分散的情况下，未持股的公司经理与小股东有利益冲突，故无法实现公司绩效最大化的股东目标。随后詹森和麦克林（Jensen and Meckling，1976）按股东是否参与公司经营，将股东分为内部股东和外部股东，研究发现，内部股东的持股比例与公司价值正相关，即内部股东持股比例越大，公司价值越高。

还有部分学者对股权集中度不同的公司业绩进行比较，认为股权结构与公司绩效之间并无相关关系（Demsetz，1983；Holderness and Sheehan，1988）。斯图尔兹（Stulz，1988）研究发现，经理控制的股票权比例与公司价值呈倒 U 型关系。麦康纳和瑟韦斯（McConnell and Servaes，1990）则给我们提供了一个经验性结论，公司价值是公司股权结构的函数。

莫克、斯雷佛和维什尼（Morck，Shleifer and Vishny，1998）认为公司经理有把公司资源用于个人效用最大化的倾向，但随着经理拥有公司股权比例增加，经理与股东利益趋于一致，就会产生创造公司价值的动力。

迈恩-海恩·乔（Myeong - Hyeon Cho，1998）用普通最小二乘法对《幸福杂志》的 500 家制造业公司进行实证研究，发现股权结构与公司价值相互影响，建议在研究中应把股权结构作为内生变量而非外生变量。

（二）关于融资方式的研究

公司通过股权和债务两种不同的融资方式获得公司经营所需资金，股权与债务的构成比例构成公司的资本结构。不同的资本结构不仅影响公司的财务成本、财务风险，更影响着企业控制权的配置，乃至剩余收益的分配。所以，大量国外学者对此进行了深入研究。

詹森和麦克林（Jensen and Meckling）早在 1976 年就从公司治理角度研究融资结构，发现通过增加债务融资的比例，改变经理的持股比例，可以影响公司治理。在詹森（Jensen，1986）的另一篇论文中，他指出由于债务合约要求在规定时间按规定数额还本付息，经理必须在未来向债权人支付一定的现金流量，所以债务还本付息可以看作是公司向股东支付红利的替代。梅叶斯和梅吉拉夫（Myers and Majluf，1984）对信息不对称情况下的融资结构与公司投资决策的关系作了阐述，并提出优序融资理论（the pecking order theory）。威廉姆森（Williamson，1988）则从交易成本经济学的角度进行分析，认为债务与股权不应被看作两种简单的融资方式，而是两种不同的"可供选择的治理结构"。哈特（Hart，1998）对私人与公众公司融资成本结构的决定，以及与债务密切相关的破产机制作了综述与分析。

（三）关于股利政策的研究

国外学者从不同的角度提出了一些重要的股利学说，如股利无关论、股利相关论、纳税差异理论、股利的信号假说等。

东勒和莫迪利安尼（Miller and Modigliani，1961）的论文《股利政策、增长与股票股价》堪称股利理论研究的经典之作，被称为 MM 理论，MM 理论在严格的假设条件下，论证得出股利无关论，即公司的股利政策与企业价值无关，是否发放股利只是股东短期利益与长期利益的选择。而麦伦·戈登（Myron J. Gordon，1962）提出的"在手之鸟"理论却截然相反，他认为投资者厌恶风险，不愿意放弃眼前的股利等待未来的投资收益，所谓"双鸟在林不如一鸟在手"。

从税负的角度有研究认为，由于现金股利适用的税率通常要高于资本利得的税率，发放较低的现金股利可以使投资者合理避税，保护投资者的利益。还有研究认为，在不对称信息条件下，股利政策具有传递公司信息的功能，较高的股利意味着公司当期有较高的收益，可以带来股价的上升（Merton Miller and Kevin Rock，1985）。

（四）关于并购重组的研究

五次并购浪潮对世界经济发展带来巨大的影响，也促使理论界对并购进行了大量研究。哈里斯、雷维夫、斯图尔兹和伊斯雷尔（Harris，Raviv，Stulz and Israel）等多名国外学者对融资结构与兼并和控制权争夺之间的关系进行了研究。哈里斯和雷维夫（Harris and Raviv，1988）认为公司的并购方式和结果与收购公司的负债杠杆比例密切相关，较高的债务水平则会采用"杠杆收购"，而低的债务水平可以"标价收购"，居中的债务水平则会由"代理权竞争"决定控制权的归属。经理提高自己的持股比例，获得控制权，就可能改变兼并的方式，甚至操纵兼并的成功。

斯图尔兹（Stulz，1988）也发现公司融资结构的变化导致经理投票权比例的变化，最终影响公司代理权和控制权争夺的结果。在此基础上，伊斯雷尔（Israel，1991）对融资结构与控制权争夺市场作了进一步的研究。他分析了融资结构对收购价格及成功概率的影响，认为发行债务可以提高目标公司的价值，并从并购角度分析了"最佳融资结构"。

学者们对公司重组后的业绩进行研究，但得出的结果却各不相同。朗梯格（Langtieg，1978）将重组公司与同行业公司作对比研究，并没有发现重组公司的业绩有显著的提高。马根汉姆和穆勒（Magenheim and Mueller，1988）的验证表明，公司重组后业绩有所下降；而布拉德利和贾雷尔（Bradley and Jarrel，1988）采用不同方法对同样的数据进行验证，却没有得到同样的结果。希利、帕勒普和鲁巴克（Healy，Palepu and Ruback，1992）研究发现，被重组后的公司资产回报率明显提高，而这种提高主要是由于公司管理效率提高，说明管理的协同效应是重组发生的主要原因。阿格拉沃尔、杰夫、曼德尔克（Agrawal，Jaffe and Mandelker，1992）的研究得出了与马根汉姆和穆勒（Magenheim and Mueller）类似的结论，市场调整带来重组公司的业绩下降。

（五）关于激励约束机制的研究

由于现代公司所有权与经营权分离，如何对管理者的行为进行激励和约束，避免出现代理问题，促使其目标与股东目标一致，成为研究的热点，持续至今。

法玛（Fama，1980）指出市场竞争作为一种机制，对管理者具有监督作用，但同时提供了机会。萨平顿（Sappington，1991）认为市场竞争对代理人的约束是一种事后的约束；同时，委托人与代理人应该分担风险。

詹森和墨菲（Jensen and Murphy，1990）用实证的方法估计公司管理者的报酬与公司绩效之间的关系，发现它们之间只有微弱的关联。迈赫兰（Mehran，1995）研究发现公司绩效与管理者的持股比例正相关，股权激励具有重要作用；而外部董事占多数的公司更倾向于用股权激励。

耶马克（Yermack，1995，1997）的研究对股票期权的激励作用给出了相反的结论，在随后的研究中发现，公司经理层通过操纵消息，提高自己的期权报酬价值。

科尔（Core）等研究公司治理结构、CEO 报酬和公司绩效的关系，发现治理结构相对无效的公司，CEO 报酬普遍偏高（Core. J. et al.，1999）。

卡伦（Garen，1994）认为经理的报酬结构是激励与风险权衡的结果。吉本斯（Gibbons，1998）则认为对风险的考虑只是激励问题的一个方面，其他如主客观绩效的评价、技能问题、提升问题等也应是研究的重点。

（六）关于企业理论发展的研究

1937 年，科斯（Coase）的论文《企业的性质》标志着西方现代企业理论的创立。科斯引入"交易费用"概念，把组织（企业）和交易费用联系起来说明"企业在专业化的交换中出现的原因"，给出一个具有理论基石意义的组织定义，启发人们对企业与市场的相互关系及企业实际运行问题的研究。

20 世纪 60 年代以来，以科斯（1960）、阿尔钦和德姆赛斯（Alchain and Demsetz，1972）、威廉姆森（1975，1979）、张五常（1983）、格罗斯曼和哈特（Grossman and Hart，1986）等经济学家为代表，深刻剖析了企业在追求利润最大化的过程中，必须认识到企业不是一个从事生产的黑匣子，它的本质乃是一系列契约的有机组合，企业的剩余分成必须以契约为基础进行。威廉姆森认为，19 世纪后西方企业管理制度是一种等级制管理体系，其竞争形态与垂直合并的混合形式共同建立的市场和等级制组织，成为资本主义企业的普遍形态。

20 世纪 80 年代中期，微观经济学逐渐形成并发展起来一种新的分析方法——企业网络理论。企业网络理论以一种全新的分析范式拓宽了新古典企业理论和企业集群的研究视野。

从 20 世纪 50 年代起，一些学者如纳德尔（S. F. Nadel，1953）和巴恩斯（J. A. Barnes，1954）等就开始系统地发展网络概念，研究不同社会群体之间的跨界关系。他们认为网络就是联系跨界、跨社会的成员之间的相互关系。到了 80 年代，经济学家又将网络分析方法借鉴过来，应用于经济领域的研究，最终形成了企业网络理论。随着企业网络理论的发展，从社会关系网络的视角研究战略联盟和企业集群日益受到人们的重视。新理论家们认为应把社会关系网络作为分析的基础，而不是先前科斯和威廉姆森用作分析基本单位的交易。

　　20 世纪 90 年代以来，企业网络理论进一步渗透到市场理论和组织理论领域。丹尼斯、奥里弗、布鲁诺（Demris Maillat, Olivier Crevoisier and Bruno Lecog, 1994）从经济、历史、认知和规范等多角度对网络经济概念进行了全面概括，认为"网络"是一种超越了传统的市场与企业二分法的复杂社会经济组织形态或组织制度。他们进而认为，网络这种复杂的组织形态是动态的，它依照一定的路径不断演变，是社会或企业间网络安排及其各要素在演进中的相互关系的理论概括。

（七）关于企业战略目标的研究

　　利润最大化目标是西方经济学的传统观点，它的理论来源是亚当·斯密在《国富论》中关于"经济人"的假定。这一理论具有时代局限性，它的适用范围存在于亚当·斯密的大规模工业化时代之前。企业主既是所有者，也是经营者，作为所有者的目标函数和作为经营者的目标函数高度统一。人人追求私人利益的最大化，在市场这只无形之手的引导下，整体社会利益也就达到最大化。亚当·斯密首次暗示并提出了企业利润最大化与社会利益最大化相一致的思想。

　　但是，随着社会化大生产的推动，企业的制度安排实现了本质性的变迁，反映社会化大生产的股份公司的出现，企业的利益追求也随之发生变化。早在 20 世纪 30 年代，美国的伯利和米恩斯（1932）在其合著的《现代公司与私有财产》一书中就觉察到这种变化。他们认为，即使是个人行为的动机，其面貌也已经发生改变。

　　阿尔钦（Alchain, 1950）指出，只有在我们具备完全信息时，利润最大化才能给我们提供一个模糊的行动指南；当存在不确定时，我们的知识是有限的，我们不知道企业的偏好函数。

　　20 世纪 60 年代以后，随着科技大发展和福利经济学的兴起，经济学家认为企业作为"经济人"是社会经济体系中的一个细胞，在资源稀缺性的前提下追求物质利益最大化引起人们的反思。马歇尔（Marshall, 1982）作为新古典经济学的代表人物，以经济人假设和资源稀缺为核心，推论出企业在具备完全信息、零交易费用等条件下，边际成本等于边际收益这一利润最大化的目标。与斯密不同的是，新古典经济学认为在企业利润最大化状态下，资本家和职工等企业的生产要素都达到最大收益，从而掩盖了股东与职工、掌握控制权以及剩余索取权的资本家与没有任何权利的人之间的巨大鸿沟。

1963 年，美国斯坦福研究所首次提出了利益相关者的概念。1965 年，美国经济学家安索夫（Ansoff）最早将该概念引入企业理论经济学，认为要制定一个理想的企业目标，必须综合平衡考虑企业的诸多利益相关者之间相互冲突的索取权，他们可能包括治理人员、股东、工人、供给商及分销商。20 世纪 80 年代以后，利益相关者理论迅速扩展，促进了企业治理模式的转变。

20 世纪 90 年代以后，利益相关者理论受到经济学家的高度重视，理论体系也逐步趋于完善。1995 年，埃尔金顿（Elkinton，1995）提出了企业经营的三重底线理论，认为任何一种商业行为必须达到经济、社会与环境这三种因素的底线要求。将企业社会责任纳入公司治理理论，必然要求将社会责任与利益相关者相结合，从而形成统一的理论框架。近 20 年发展起来的资源依赖理论有助于形成理论基础。弗卢姆（Frooman，1999）认为，在资源稀缺的市场经济中，企业作为契约组合体，各稀缺资源的提供者都具有对企业的影响力和控制权。这意味着，物质资本提供者（股东、债权人）、人力资本提供者（经营者、职工）、外部环境提供者（政府、国际组织、行业协会）等都是企业发展不可缺失的重要资源。企业的可持续发展基于利益相关者的长期合作，而不仅仅依赖股东或者大股东。

二　国内研究动态

（一）公司治理的相关文献

财务治理概念由公司治理而来，发展得较晚，主要是由国内学者提出并发展的。但从概念的内涵和外延来看，财务治理是公司治理的一个重要方面，财务治理必须建立在公司治理的基础上，所以公司治理理论成为财务治理的基础理论。在本部分除了综述研究财务治理的文献，还评价了与财务治理相关的研究公司治理的文献。

1. 关于财务治理的基础研究

财务治理是国内学者借鉴国外财务理论，结合公司治理理论提出的。关于财务治理的研究，也是以中国国有企业的财务治理问题为起点，随后不断加以发展。

郭复初（1993）最初在他的《国家财务论》中，建立了国家财务理论框架，并对国有企业的财务治理结构问题进行了研究。干胜道（1995）

在此基础上提出了所有者财务论，探讨了公司财务治理中的有关问题，强调所有者财务的治理作用。还有学者提出了财务分层理论，说明公司财务治理结构应具有层次性、相互制衡的特点，为后来构建合理的财务治理结构奠定了理论基础（汤谷良，1997；谢志华，1997；王斌，1997）。伍中信（1998）提出的财权流理论，明确财权的性质、内涵、特点，并深入分析了财权的配置问题，为财务治理研究的核心奠定了理论基础。

许多学者对"财务治理"概念提出了自己的见解。一部分学者将财务治理等同于财务治理结构，主要研究财权的划分和配置（宋献中2000；黄菊波2002；吴树畅2002；李秉祥2003）。还有一部分学者从制度安排的角度定义财务治理，认为财务治理通过正式的和非正式的制度安排，合理配置财权，达到利益主体之间的利益均衡（伍中信2001；杨淑娥2002；林钟高2003）。

国内理论界对财务治理机制也进行了研究。龚洪文（2002）认为财务治理结构主要研究财务利益机制和财务管理机制。张敦力（2002）、林钟高（2003）认为公司委托代理机构中的激励约束机制非常重要，具体的财务治理机制有：制度激励机制、外部市场评价机制、声誉机制。

同时，还有部分学者对财务治理体系进行了探讨。冯巧根（2000）认为财务治理结构的内容与公司治理结构基本相同，有治理主体、治理客体、治理手段。伍中信（2001）则认为财务治理结构主要包括：财务理论体系、财务运作体系、相机治理机制、激励约束机制、财权配置机制。张敦力（2002）认为财务治理把委托代理治理、股东治理、经营者治理、资本结构治理有机地结合在一起。

伍中信（2007）、杨淑娥（2003）等认为财务治理需要从静态和动态两个角度去理解，提出财务动态治理。张荣武（2007）基于财务治理衡量标准，提出财务治理效率。

2. 关于公司股权结构与财务治理的研究

20 世纪 90 年代中期以来，中国上市公司股权结构与公司业绩的研究成为热点问题，中国学者对股权结构与公司绩效之间的关系进行了大量的理论和实证研究。

一部分学者认为股权结构与公司绩效之间存在一定的正相关关系。周业安（1999）认为上市公司流通股所占比例与净资产收益率之间正相关，股票的流通性和法人股对企业绩效都有显著的促进作用。孙永祥和黄祖辉

（1999）通过对公司第一大股东持有公司股权比例和托宾 Q 值的研究发现，它们之间呈倒 U 型变化，说明存在一个最优股权结构可以实现公司最优绩效。

另一些学者则认为股权结构与公司绩效关系不明显。陈晓和江东（2000）研究发现，流通股占比对净资产收益率没有影响，国有股占比与公司绩效负相关；提高行业的竞争性可以促使股权结构对公司绩效发挥正面影响。陈小悦、徐晓东（2001）则认为在外部法规不健全，投资者利益缺乏保护时，流通股占比与企业绩效之间不存在显著的正相关关系。

3. 关于融资方式与财务治理的研究

国内对公司融资结构的研究始于 20 世纪 90 年代中期。张春霖（1995，1996，1997）较早深入研究国有企业融资结构问题，认为国有企业资产负债率高是历史原因造成的，而国有企业现存的问题主要根源于"国家融资"，应将民间资本引入国有企业，使资本市场成为主要融资渠道，建立健全国有企业的"融资体制"。张维迎（1995）认为国有企业负债率高的原因主要是"投资主体的错位"，不适于当股东的国家拥有股权，而适于当股东的居民却拥有债权。随后有学者利用我国上市公司的数据，对融资结构进行实证分析，但没有对实际的融资成本进行计算（李善民等，2000；刘星，2000）。

刘星和魏锋（2004）、刘力军（2005）通过修正梅叶斯（Myers）的融资优序模型，对我国上市公司的数据进行实证分析，发现中国上市公司的融资顺序为：股权融资—债务融资—内部融资，并不符合西方的融资优序理论。

中国上市公司有明显的股权融资偏好，许多学者对此进行了研究。部分学者认为，除了现行的制度和政策的深层原因，股权融资成本大大低于债务融资成本是偏好股权融资的原因（黄少安和张岗 2001；高晓红 2000）。另有学者认为，融资成本并不能完全解释中国上市公司的股权融资偏好，其他的诸多因素，尤其是股权结构会影响企业融资方式的选择，因为股权融资可以为非流通股股东带来超额的融资回报（陆正飞，2005；冯根福等，2000）。

4. 关于股利政策与财务治理的研究

与国外不同，中国的上市公司普遍没有回报股东的思想。而在股权分置状态下，中国上市公司的股利政策呈现混乱的状态，要么不分红，要么恶意分红，形成了中国上市公司的股利之谜。学者们对此做了大量研究，试图解开这个谜团。

有学者发现股权分置状态下，非流通股股东有很强的现金股利偏好，其根本原因在于非流通股股东可以通过现金股利侵害中小股东利益，掏空上市公司利润（Chen et al.，2001；余明桂和夏新平，2004）。

肖星（2003）研究发现股权结构与现金股利正相关，股权集中度较高的公司比股权集中度处于较低水平的公司更愿意发放现金股利，而且股利支付率和每股股票股利也更高。

马曙光等（2005）运用联立方程模型研究发现，现金股利与资金侵占负相关，而资金侵占程度与公司的负债比率正相关。不同性质的股东在资金侵占度方面存在差异：侵占资金程度最高的是社会法人股股东，侵占资金程度较低的是国有法人股股东和国有股股东。而三种不同性质的股东对现金股利表现出一致性的偏好。

徐晓颖（2008）、高峻（2009）研究对比了股权分置改革前后上市公司的现金股利政策，发现股权分置改革后上市公司现金股利的支付水平明显下降，说明股权分置改革后控股股东现金股利"隧道效应"减弱，有利于企业的长远发展。

5. 关于并购重组与财务治理的研究

从 20 世纪 80 年代中国政府通过并购建立大型国有企业开始，到现在的中国企业跨国并购，中国的并购市场发展得如火如荼。企业并购问题也成为学者们研究的热点。

国内学者对重组企业业绩进行了研究，也得出了各异的结论。原红旗和吴星宇（1998）研究 1997 年重组的公司，比较重组前后 4 个会计指标的变化，发现每股收益（EPS）、净资产收益率（ROE）和投资收益率三个指标有提升，而公司的资产负债率指标下降，重组的方式与重组各方的关系会影响指标变化的幅度，说明重组后公司的业绩有所改善。其后，孙铮和王跃堂（1999）利用同一样本研究却得出不同的结果，重组企业业绩的变化与重组各方关系没有紧密关系。檀向球等（1999）研究 1998 年重组的公司，对不同的重组方式进行研究，发现使用股权转让、资产剥离以及资产置换的方式重组的公司经营业绩有明显的提升，而对外并购扩张的公司业绩没有明显的改善。

由于中国特殊的制度环境，上市的资格很难取得，许多业绩不佳的上市公司因为拥有"壳资源",成了并购追逐的目标。很多研究发现,上市公司并购后,绩效存在一个先升后降的变化,并购并没有实质性提高上市公司的业绩,或者是业绩的改善缺乏持续性(冯根福和吴林江,2001;张新,2003;李善民和曾昭灶,2004)。

由于股权分置,有些公司并购存在投机性,控股上市公司后,通过增发融资、资金占用或违规担保等明的或暗的手段,掏空上市公司,侵害其他投资者的利益。黄满池(2006)从两个方面研究了股权分置改革对上市公司并购的影响:宏观上,为大规模的并购提供了契机,有利于产业结构调整,优化资源配置;微观上,降低了上市公司并购的成本,形成上市公司控制权市场,有利于健全公司治理的外部机制。

6. 关于激励约束机制与财务治理的研究

由于现代公司所有权与经营权分离,如何对管理者的行为进行激励和约束,避免出现代理问题,促使其目标函数与股东目标函数一致,成为研究的热点,持续至今。中国许多学者对国内上市公司经理报酬的激励效应进行了实证研究。

李增泉(2000)发现经理人员的年度报酬与公司经营业绩无关,但持股比例达到一定程度后,股权激励就会发生作用。袁国良(1999)、魏刚等(2000)通过研究得出结论,上市公司的经营业绩与管理层的持股比例也无相关关系。另一些研究则显示,中国上市公司经理的货币激励无效(李仕明和唐小我,2001;陈远志,2003)。

徐向艺(2008)通过实证研究发现,高管薪酬、公司治理绩效与公司规模正相关;而高管薪酬、公司治理绩效与代理成本显著负相关;同时,行业竞争环境也会对高管薪酬和公司治理绩效的关系产生影响。

对公司经营者或实际控制人的监督是来自多方面的。但很多学者研究发现,在转轨经济中,由于内部人控制现象,真正有效的控制监督还是来自股东(费方域,1996)。还有学者认为,控股股东本该是最有力的监督人,但控股股东若是兼任公司经营者,其他股东对控制人的监督就会存在问题(孙永祥,2002)。

(二)关于社会责任和企业战略目标的研究

国内关于利益相关者的研究基于对西方相关理论的引进与发展。利益相关者理论与社会责任论的盛行从20世纪90年代以后逐步进入了国内学者的视野。

在改革开放以后的社会转型期，张军（1995）等学者就指出，不同股权统一在国有企业内，导致不同的股东追求不同的利益，而股东绝对不会一致同意将社会责任作为企业的一项目标函数。林毅夫、张维迎（2002）以及费方域（2003）等学者强调剩余索取权的分配要求股权分置改革深入变革，通过股东的同质化，保护契约各方的平等索取权。杨其静（2002）指出，主流企业理论认定物质资本的所有者拥有企业所有权，并且可以支配人力资本，从而在企业的不完全契约中占有优先地位和控制权。而利益相关者理论认为，企业是物质资本和人力资本的契约组合，随着经济社会发展，人力资本的重要性正在超越物质资本，并且更具有专用性。企业的本质是一个不能被市场复制的专用性投资网络。利益相关者的范围在不断扩展。

较早界定利益相关者的学者（贾生华、陈宏辉，2002；付俊文、赵红，2006）认为，利益相关者包括那些对企业进行了专用性资产投资，并且承担了一定风险的个体和组织。这一概念强调企业利益相关者既要进行专用资产投资，又要与企业利益密切相关。陈宏辉（2004）甚至提出了核心利益相关者的看法，认为在任何一个企业中，股东、管理者与员工这三类人员必不可少，是企业的核心利益相关者，并做了实证研究。邓汉慧、张子刚（2006）提出了核心利益者共同治理模式，认为该模式可以有效防止寄生关系，形成具有互利共生性质的利益相关关系。

（三）股权分置改革研究动态

股权分置改革是中国转轨经济背景下的特殊事物，也是中国股票市场发展的必经之路。所以，对于改革的目的和改革的具体措施，没有可以借鉴的现成经验，只能在黑暗中摸索，在失败中前进。为了更好地研究股权分置改革对上市公司财务治理的影响，对有关股权分置改革和财务治理的相关文献进行了汇总和梳理。

中国的学者早在20世纪90年代末就开始探讨中国股市存在的问题，吴晓求、巴曙松、林乐芬、吴世农等中国经济学者都从不同侧面对这个问题进行理论研究。具体分为四个方面：股权分置改革的基础问题研究、股权分置改革的实施和影响因素研究、股权分置改革的市场反应研究、股权分置改革对公司治理的影响研究。

1. 股权分置改革基础问题研究

从中国资本市场改革的前提出发，股权分置问题的危害和本质构成股权分置改革的基础问题，在股权分置改革初期，就进行了大量的研究和论证。

吴晓求（2004，2006）分析了股权流动性分裂的八大危害，指出股权分置改革的必要性和紧迫性，从资本市场发展的制度平台、股东利益、资产定价机制、激励机制、资源配置五个角度提出股权分置改革要实现的五个目标。肖国元（2004）分析了股权分置问题的基本性质，通过对股权分置的利弊比较认为，资产定价与商品定价不同，国有法人股取得上市流通权有利于企业的长远发展。王颖（2006）认为股权分置具有五大不利结果：扭曲市场定价机制，破坏公司治理基础，阻碍国有资产管理体制改革的深化，不利于上市公司并购重组的正常进行，制约中国资本市场的产品创新和国际化。

从制度经济学角度分析，有的学者认为，我国股票市场是政府主导的强制性制度变迁，错误地选择了制度变迁方式和主体是导致我国资本市场的诸多问题的根源（倪馨，2005）。另一些学者认为，中国企业股份制改造中"产权界定的约束"造成了股权分置问题，股权分置改革是上市公司"产权的再次界定"（张良悦和刘东，2006）。还有学者提出，股权分置改革是中国资本市场的一次重大制度变迁，是"有效界定产权"和"社会各利益集团间的均衡博弈"，所以，改革不可能一蹴而就，应该是逐步分阶段推进（贾俐俐，2006）。

从法经济学角度，胡旭阳（2006）认为，股权分置改革是一个"法律权利"重新配置的过程，最初政府将法律权利配置给流通股股东，短期内这种配置因为存在交易成本而丧失效率；但长期而言，初始权利配置给流通股股东会带来财富效应，从而增加中小投资者的信心，对促进资本市场的发展具有重要作用。同时，他还分析了不同股东间的谈判和同类股东间的协调，以及其中的"搭便车"行为、非对称性的谈判地位对交易成本的影响等。流通股股东与非流通股股东之间重新配置法律权利的谈判，是一个多对多的科斯谈判过程。

2. 股权分置改革的实施和影响因素研究

在中国股市股权分置改革的实践中，不断地对试点方案及其影响因素进行大量的试错研究，寻找改革成功的关键。

吴智勇（2005）分析认为，解决股权分置问题必须保证以下两点：首先是要明确股权分置改革的目标和原则；其次是要制定相应的保护措施，防止资金断链。有学者提出可以将权证应用在股权分置改革中，用金融创新的方式为股权的"流动性"定价，以远期利益支付实现非流通股的流通，从上市公司长远发展考虑问题，合理确定对价，达到多方共赢（徐海勇，2005；朱小平等，2006）。

大部分学者认为短期的股价涨跌不能成为衡量股权分置改革成败的标准，应以股权分置改革过程是否实现了公平、是否遵循了客观的原则作为衡量股权分置改革成败的标准，而股权分置改革方案的公平关键取决于两类股东在股权分置改革中的利益均衡（刘远龙 2005；唐国正 2005）。

许多学者借鉴相关财务理论分析影响对价的因素，研究股权分置改革方案的合理对价确定。熊德华和唐国正（2006）综合历史成本和预计全流通股票价格，建立模型，确定对价合理区间。吴超鹏等（2005）以前两批 45 家试点企业为样本，研究发现影响对价比例的因素主要有上市公司的财务状况、公司股价的波动性、公司股权结构的特征、国家政策等。赵俊强等（2006）构建模型分析改革中两类股东的利益分配及合理对价区间，并利用 807 家已完成股权分置改革上市公司的数据进行实证分析，发现非流通股股东实际支付对价水平显著低于"市场均分对价"，非流通股股东获得的收益远高于流通股股东。

王辉（2006）从博弈论的角度分析股权分置改革问题，引入投票成本。他发现流通股股东参与无限期博弈的次数取决于股权分置改革收益与投票成本的差额，而投票成本与对价水平显著负相关。

也有学者质疑股权分置改革的制度设计能否保证其顺利进行，股权分置改革的顺利推进必须要确保流通股股东利益，但其颁布的管理办法中并没有作出相应的规定；而股权分置改革过程中存在的"寻租腐败"问题，则会损害流通股股东的利益，影响改革的顺利进行（顾宝兴，2006）。对于对价水平的趋同，除了"锚定效应"外，更多的学者认为这不能区别不同公司的特殊情况，不利于发挥优胜劣汰的竞争机制，所以不能保护流通股股东的利益（廖旗平、陈建梁，2006）。沈艺峰等（2006）从中国保荐市场的行业集中度研究对价水平的群聚现象，发现上市公司的财务指标与对价没有相关关系，主要是券商与上市公司合谋，损害中小投资者利益。

3. 股权分置改革的市场反应研究

股权分置改革的市场反应，表现了投资者对股权分置改革措施的认可度，研究市场反映有利于发现股权分置改革中存在的问题，不少文献对此进行了实证分析。多数学者使用时间研究法，选择股权分置改革一定期间的累计超常收益率作为评价指标，却得出了不同的结果。

晏艳阳和赵大玮（2006）选择前两批股权分置改革试点公司，计算股权分置改革预案公布前后 30 天的累计超常收益率，公告日前的累计超常收益说明市场提前对释放了股权分置改革信息的反应；公告日前后的累计超常收益率对比则说明在股权分置改革中内幕交易盛行。

李增泉等（2006）对股权分置改革方案首次公布至方案通过后首次交易期间的累计超常收益率进行研究，发现其与对价正相关，说明高对价的股权分置改革方案更可能得到市场的认可。

另有学者研究了深圳中小板 47 家股权分置改革公司两次停牌前后累计超常收益率，发现对价与累计超常收益率并没有显著关系，而流通股股东参与股权分置改革的态度将会决定后市的反应；随着已经进行股权分置改革的公司数量增加，累计超常收益率的显著性降低，说明市场逐渐趋于理性（张继袖、陆宇建，2006）。

还有学者对正在实施的股权分置改革措施予以肯定，认为无论股价的波动还是市盈率的变化，都反映了市场对股权分置改革的认可，市场对解决股权分置问题已经形成了稳定的预期；同时，股权分置改革改变了上市公司股东间的利益机制，有利于保护中小股东，恢复投资者的信心（林乐芬 2006；黎璞等 2006）。

何君光（2005）、宋健（2005）则对股权分置改革后的市场前景进行了预期：一是证券市场更趋活跃；二是证券市场市盈率降低，股市投资价值提高；三是保荐机构逐渐分化。吴晓求（2006）预测了股权分置改革后中国资本市场将呈现的九个新特征，主要表现在资本市场的有效性、资本市场的资产估值功能、上市公司的治理模式、市场博弈、考核目标、信息披露、中国资本市场的规则体系、市场预期机制等方面。

在另一些研究股权分置改革市场效应的文献中，学者们发现股权分置改革并未达到改善资本市场风险的目标。宋健（2005）认为，股权分置改革后，资本市场的系统性风险并没有降低反而会增加，市场中上市公司的"结构性分化"将继续存在。黎翠梅和黄南锋（2007）采用 CHOW 检验方法检验股权分置改革完成后股票 β 系数的稳定性，发现股权分置改革后，上市公司股票的系统性风险并没有发生太多变化，说明中国资本市场的效率并没有得到很大的提高。

4. 股权分置改革对公司治理的影响研究

许多学者认为衡量股权分置改革的成败，关键在于改善公司治理水平。通过股权分置改革，使得非流通股股东与流通股股东利益一致，达到企业控制权与剩余收益索取权的分配均衡（黄明生 2006；陈小蔚 2006）。

但还有学者认为股权分置改革并不能解决所有的问题。巴曙松（2005）提出，股权分置问题的解决，实际上只是解决了流通股股东与非流通股股东之间的利益冲突，但大股东与中小股东之间的矛盾和冲突、上市公司业绩不高的矛盾及监管效率的矛盾依然存在。而随之又带来一些新的问题，全流通的市场上激烈的控制权争夺，使得大股东可能用更少的资金享有更大的支配权，中小投资者依然处于弱势。张海霞（2006）、王晓丹（2006）等也认为股权分置改革并不能从根本上改变控股股东侵害中小股东利益的问题，要推出股权分置改革的配套措施，通过利益相关者的共同努力，改善公司的内外部治理，才能使上市公司长远健康发展。

也有学者研究股权分置改革对上市公司治理存在问题的解决。李健元（2005）认为，实施缩股全流通可以解决股权分置带来的各种公司治理问题，如公司治理结构不完善、上市公司诚信缺失、首发与增发的"圈钱饥渴症"、同股不同利、缺乏对上市公司高管的激励、大股东通过"隧道"转移上市公司资金等问题。刘伟四（2006）认为，股权分置改革完善公司治理结构表现在以下几个方面：从股东方面，优化股东结构，降低中小股东的参与成本，鼓励中小股东参与治理，减少"搭便车"行为；从管理层方面，增强董事会的功能，加强对管理者的激励；从内部治理方面，完善公司的监管机制。

马曙光等（2005）认为，随着股权分置改革的深化，内外部监督激励机制的健全，非流通股股东减少对上市公司资金的侵占，上市公司治理得到改善，在未来的股利分配中会更多地发放现金股利。丁守海（2007）研究股权分置改革效应发现，股权分置改革后上市公司价值普遍提高16% 以上，且提高幅度与控股股东比例成正相关关系。

三　国内外研究动态评述

国外很早就开始了对公司治理的研究，理论和方法都比较成熟，形成了公司治理理论的基础。但是由于国外的政治、经济等外部环境与中国不同，中国的上市公司和资本市场自身的独特性，国外的相关研究并不一定适用。

中国正处在政治经济体制变革的特殊阶段，正好给国内学者提供很好的研究样本和机会，国内学者借鉴国外成熟的理论，结合中国的实际情况对相关理论进行了发展创新。

股权分置改革是在中国转轨经济背景下的特殊事物，国外的上市公司不存在股权分置的问题，故对此问题没有相关的研究。国外也没有财务治理的概念，它主要是由国内学者提出并发展的。财务治理是国内学者借鉴国外财务理论，结合公司治理理论提出的。关于财务治理的研究，也是以中国国有企业的财务治理问题为起点，之后不断加以发展。

国内对于股权分置的研究大多集中在对股权分置改革的原因和理论依据，确定合理的股权分置改革对价，股权分置改革的短期效率（即市场对股权分置改革的反应）探讨和分析，缺乏对股权分置改革的长期效率（即股权分置改革对上市公司治理的长期影响）研究。一方面，是由于股权分置改革刚实施完，改革中的限售股还未完全解禁，股权分置改革长期效率研究所需的时间和数据都受到限制；另一方面，由于制度变迁中的路径依赖，导致股权分置改革并不彻底，政策的制定和实施依然没有达到预期的目的，而政策适应的滞后性，也会使股权分置改革对上市公司治理的影响要在一个较长的时期后才能表现出来。

目前的公司财务治理研究主要还集中在理论研究上，注重从制度层面分析上市公司的利益分配与制度变迁，很少从实证分析的层面研究财务治理理论的实际应用，更没有从财务治理的角度研究股权分置改革对上市公司的影响。同时，现有的关于公司治理的文献主要是股权分置改革之前的，对股权分置改革之后上市公司治理的研究主要集中在对未来的预测和短期效应的评价。股权分置改革改变了上市公司股东的利益机制，使公司治理的基础发生了变化，故而公司治理一定会发生变化以适应股权分置后的新环境，改革是否能在较长的时期内提高公司治理效率有待研究。

本研究选择股权分置改革基本完成四年后研究股权分置改革对上市公司财务治理的影响，此时，除了限售股股东承诺继续在一定期间维持限售的股份以外，大部分转为限售股的非流通股都已经或即将要上市，创业板市场和股指期货也顺利实施，资本市场和上市公司对股权分置改革的反应已充分释放。同时，中国的经济体制改革顺利实施，经济平稳着陆，资本市场趋于理性等一系列有利的外部环境都使得在新环境下研究上市公司财务治理非常必要。

第四节　研究思路与方法

一　研究思路

本研究以"问题提出—理论研究—实证研究—结论"为技术路线（见图1-1）。研究基于制度变迁理论、公司治理理论、企业财务理论、财务治理理论等理论基础，采用理论分析与实证分析相结合的方法，分析上市公司股权结构、融资与风险、股利政策、并购重组等财务活动中，企业财务治理对企业绩效的影响，研究股权分置改革的长期效应，评价股权分置改革中的制度创新带来上市公司财务治理的效率改善，分辨股权分置改革中的路径依赖给上市公司财务治理带来的问题，提出深化股权分置改革、加速企业战略转型、提高公司财务治理效率的可行措施。

二　研究方法

由于股权分置改革的影响深远，涉及面广，要对其效应进行研究，单一的方法是无法完成的，必须综合运用多种理论和方法。本研究在进行分析时，采用了理论分析与实证研究相结合的方法。

（1）在理论分析中，本研究从演化经济学和企业网络理论的角度，综合运用了制度变迁理论、资本市场理论和企业财务理论进行系统分析。运用交易费用理论说明股权分置改革的深层次原因，明确改革要达到的目标；运用了企业财务理论，通过对股权结构、资本结构、股利政策、企业绩效等的分析，说明股权分置改革对上市公司财务治理的多方面影响，改善企业财务治理效率，促进企业战略转型。

（2）在对股权分置改革对上市公司财务治理影响的研究中，综合运用了定性和定量分析法。首先，逻辑推理了股权分置改革对上市公司财务治理的影响路径，定性地分析了股权分置改革对股权结构、融资、股利分配、并购重组和激励约束等财务活动的影响。其次，使用实证的方法检验先前的定性分析假设，发现改革中存在的问题。

（3）在实证分析中，综合运用多元回归分析、数据包络法和灰色数学模型等多种方法，选择多项相关指标，检验股权分置改革对上市公司财务治理的影响，分析公司财务治理与外部自然经济环境的相互关系，寻找其中的敏感因素，发现存在的问题，为后来的解决措施奠定基础。

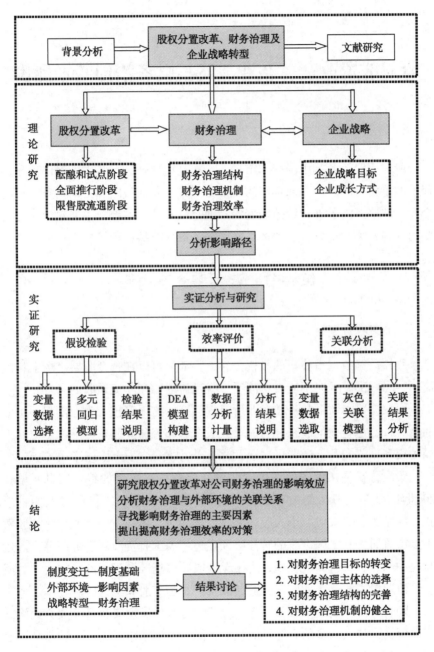

图1-1　本研究采取的技术线路

第二章

股权分置改革、企业战略与财务治理基本理论

股权分置改革是中国资本市场的一次制度变迁，也是中国经济演化过程中的重要一环。内外部环境的变换必然带来企业战略和公司财务治理的变化。这些经济事件背后蕴藏着深刻的经济理论。本部分主要对论文分析要用到的相关理论进行了评述，并对相关概念范畴进行了界定。

第一节 相关概念及内涵

一 股权分置

股权分置指上市公司的股权分裂，一部分可以在公开股票市场上自由流通，另一部分暂时不能自由流通，就是流通股和非流通股的设置。

股权分置本质上是一项企业所有权制度，这项安排人为地割裂了企业的所有权，把企业的股东分为流通股股东和非流通股股东，并赋予他们不同的权利，这实际上违背了《公司法》当中关于"同股同权"的规定。

股权分置是在中国经济体制改革特定背景下产生的特殊问题。早在20世纪90年代股份制改革之初，国家就明确规定了股权设置的四种形式：国家股、法人股、个人股和外资股。同时，还规定国有股和法人股暂不上市流通，其中有股的转让必须经过相关国有资产管理部门审批。这是在中国经济转轨的过程中，为了保证股票市场顺利运行的权宜之计。所以，流通股主要是个人股，非流通股主要是国有股和法人股。

随着经济体制改革的不断深入，股权分置的制度安排日益成为经济发展的桎梏，带来诸多的问题。股权分置降低了资本市场的效率，带来了股东间（流通股股东和非流通股股东）的利益冲突，造成企业的控制权僵化，不利于政府对资本市场、投资者和上市公司的监控管理。为了解决这些问题，政府先后进行了多次国有股减持的尝试，都归于失败。直到

2005 年，政府痛下决心进行了股权分置改革。

需要澄清的是，股权分置改革与国有股减持不同。一方面，减持并不等于全流通，因为减持可以通过包括公开股票市场在内的多种渠道进行，被减持的股份也不一定成为流通股；另一方面，非流通股获得流通权，并不一定就会被减持。

股权分置改革是中国资本市场的一次重大的制度变迁。改革中，证监会等监督管理机构并不参与具体的股权分置改革方案制订，给予股东充分的自主权协商确定对价，制订股权分置改革方案。这一系列的制度创新推动了股权分置改革的顺利进行，初步实现了股权分置改革的短期目标，改变中国资本市场股权分置的状态，实现了上市公司股份的全流通。

股权分置改革的最终目标是要从根本上提高上市公司的质量，促进中国资本市场的健康良性发展。提高上市公司的质量，主要是上市公司治理的改善。财务治理作为公司治理的核心，在改革中一定会有一个根本性的转变。但由于制度变迁中存在的路径依赖和政策效应的滞后，财务治理的改善是一个长期的过程，还需要进一步的改革予以配合。

二　财务治理

财务治理是在公司财务与公司治理交叉融合中产生的。从系统论的观点来看，财务治理是公司治理的一个子系统。财务治理是公司治理的主要内容，从两方面影响公司治理：一是形成特定的资本结构，从结构上影响公司治理；二是形成财务激励约束机制，从制度上影响公司治理。

国内学者对财务治理的内涵有多种看法，但大都属于财权配置论。本研究认同伍中信教授（2005）的观点，公司财务治理的本质是一个关于财权配置的合约安排。财务治理从财务的社会属性（产权契约关系）出发，以财权流为线索，通过财权在公司内部的合理配置，形成一套涵盖各利益相关者的制度安排，维护投资者利益。财权在利益相关者之间的不同配置，体现了利益相关者在财务体制中的不同地位。

财务治理的要素包括主体、客体和模式。财务治理主体指有资格、有意愿参与企业财务活动，并在企业治理中发挥作用的利益相关者。财务治理客体就是指财权。根据财务治理主体可以把财务治理模式划分为：内部控制主导型财务治理模式和外部主导型财务治理模式。

根据对财务信息的影响不同，把参与财务治理的主体划分为内部财务治理主体和外部财务治理主体。内部财务治理主体主要指能参与公司董事会进行决策的大股东和公司管理层，他们影响企业财务信息的生成和对外公布。外部财务治理主体则指较少参与公司决策的小股东、债权人、政府和其他利益相关者，他们是公开财务信息的接受者。由于不同的财务治理主体所处的地位不同，股东、债权人、公司管理层、政府等在公司财务治理中发挥重要作用的主体，是本研究的主要对象；而对于介入公司财务治理程度不高的利益相关者（如供应商、客户、社区等），本研究暂不考虑。

从时间维度，我们把财务治理划分为静态治理和动态治理。静态财务治理主要表现在财权配置结构和权利分布状态上。动态财务治理则表现为财权配置过程中的相互制衡过程和激励约束机制的形成、新的债权人和股东的加入、公司扩容和收缩引致的公司治理结构的变化，经营中公司财务集权和分权变化引起的财务治理结构调整等。本研究更多的是从动态的角度研究股权分置改革导致上市公司财务治理结构的变化。

公司财务治理作为一个理论体系，包含财务治理结构、财务治理机制与财务治理效率。财务治理结构是核心和基础，通过财权的合理配置实现财务治理效率的目标，是本研究的主要内容；作为制度保障的财务治理机制，本研究只涉及了企业内部机制，如高管薪酬、独立董事制度等。我们后面分析公司财务治理，主要是考察财务治理行为中体现的财务治理结构的变化，以及最终对财务治理效率的影响。

三　企业战略

企业战略指为确立和实现企业长期目标，而必须采取的行动程序和资源配置。企业战略包含五方面的内容：计划、计谋、模式、定位和视角。其中计划指总体规划与基本准则，计谋则是操作性较强的谋略和计策，模式是一系列决策中形成的某种共性，定位是在竞争中的位置选择，而视角指经久一致的思维方式。

从广义上看，战略目标是企业战略构成的基本内容，是企业在实现其使命过程中所追求的长期结果。从狭义上看，战略目标不包含在企业战略构成之中，但它是企业战略选择的出发点和依据，也是企业战略实施要达到的结果。

企业战略可以分为四个层次：制度战略、公司战略、业务战略和职能战略。本研究所侧重的企业战略主要在制度层面和企业层面。

制度战略主要是指一个企业在社会领域而非竞争领域的战略。在其进行经营活动的社区中，作为一个企业公民，承担社会责任和义务，关注人文和自然环境，在非经济领域为社会做贡献等，可以帮助企业增进其公众形象和认知。

公司战略，也称公司总体经营战略，在于企业经营范围的选择，关注和管理企业资源在不同业务间的配置、核心竞争力的培养、公司总部与业务单元之间的关系，以及企业与其他企业之间的关系与交往。

业务战略，主要应对如下问题：给定企业的经营范围，在某一个具体的行业或市场中，一个业务单元如何去竞争并获取竞争优势。

职能战略指一个业务单元中不同职能部门的战略，主要为业务单元的竞争战略服务。

不同的战略都有共同特点：（1）目标导向。战略是实现目标的方法和手段，在明确目标的前提下讨论战略才真正具有意义；否则，战略就只是脱离实际的准则与政策而已。（2）长期效应。战略着眼于未来发展，把握企业的总体发展方向，是实现企业长期目标的行动程序和管理措施。（3）资源承诺。战略决策以大规模的、不可撤出的资源投入作为其选择的战略方向的承诺。在整个战略决策序列中，其中任何一步都具有约束力，逐步朝所选的战略方向深入和强化。（4）冲突互动。战略具有互动性，主要应用于冲突与竞争之中，必须考虑参与竞争各方的动机、利益、实力、行为及后果。

战略具有长期性和资源承诺等特点，所以一旦发生变化，必然牵一发而动全身。但随着外部环境的变化和企业自身定位的发展，原有的企业战略就会变得不适应，阻碍企业的发展，这时就必须制定新的企业战略。而由于思维定式和路径依赖的影响，我们必然要经历一个艰难的战略转型过程。

企业的战略转型指为了适应外部环境的变化，企业对内部资源进行重新配置，使组织和环境实现最佳匹配，获得持续的竞争优势。本研究所侧重的企业战略转型主要集中于制度战略。一方面企业战略目标要转变，另一方面企业的成长方式发生变化。

随着经济的发展，企业战略目标经历了由产量最大化，经过产值最大化，到利润最大化，再到股东财富最大化，再到企业价值最大化，最终达到利益相关者利益最大化等一系列转变。目前，中国的大部分企业战略目标还处于股东财富最大化或企业价值最大化阶段，随着对企业社会责任的重视，未来必将转化为利益相关者最大化的目标。

企业的成长方式跟经济的增长方式密切相关，就是在企业中如何有效地配置资源，实现企业成长，这就是企业战略中的模式问题。资源的稀缺性和环境的不可逆性，要求人们必须改变原有的"粗放型"增长方式，转变为"集约型"增长，提高资源的利用效率。而企业作为社会关系网络中的关键点，既是资源的提供者，也是资源的消耗者，也应转变企业的成长方式，由"粗放型"转变为"集约型"。

四　股权分置改革对财务治理及企业战略的影响路径

本节通过对股权分置改革的长短期目标和企业战略转型的分析，逐层深入剖析股权分置改革如何通过内外部环境，形成影响公司财务治理的路径（见图2-1）。

上市公司财务治理所处的环境分为内部环境和外部环境。财务治理的内部环境则主要指公司内部的财权配置和组织结构，具体会体现在公司的各项财务活动中，最终决定企业的绩效和未来成长。财务治理的外部环境主要指公司外部的自然经济环境，如地方经济、能源消耗和"三废"排放等。财务治理与治理环境密切相关，治理环境的变化会影响公司财务治理结构和机制，最终影响财务治理效率。

股权分置改革对上市公司财务治理内部环境的影响是显而易见的，通过调整上市公司的股权结构，影响财权的配置，进而影响公司财务治理在各项财务活动上的决策，而这些决策导致的不同资本结构、股利政策、控制权的变更反过来又会影响财权配置的变化，这种相互的作用共同影响公司的财务治理效率，或者体现在短期绩效或长期发展上。在制度变迁对企业财务治理的影响过程中，外部经济自然环境的影响也起到了不小的作用。地方经济、能源消耗和环境保护等因素与国家的政策密切相关，从而会影响企业的资源配置和成长方式，进一步影响企业的战略目标。企业的战略转型进一步传导并体现在财务治理的各个方面，给财务治理效率带来影响。

股权分置改革最直接的结果就是去除了非流通股与流通股的界限，改变了上市公司的股权结构（这里的股权结构主要指不同股权在总股本中

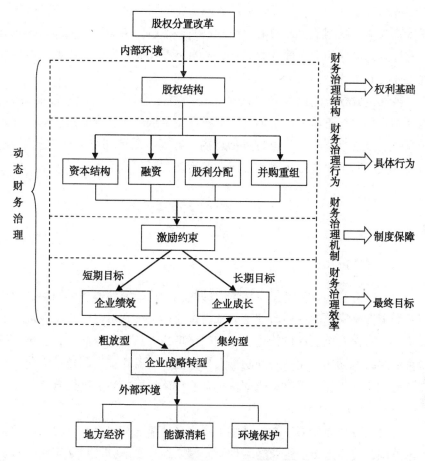

图 2-1 股权分置改革影响公司财务治理及企业战略路径

所占的比重）。限售解除后股票全流通时，股东可以自由地以市价买卖所持的股票，这进一步加大了股权结构变化的可能性。不同的股权结构形成不同的财务治理基础，也是决定财权配置的主要因素。股权分置改革改变了上市公司财务治理结构，先前外生的财务治理结构成为内生变量。

在公司诸多的财务治理活动中，融资、投资、利润分配、并购重组和激励约束等财务活动受股权分置改革影响最大。这主要是由于股权结构的变化，导致公司财务治理结构中的权力配置发生变化，影响了不同利益相关者在财务活动中的决策。同时，这些财务决策在实施过程中，又会反过来影响公司的股权结构，进而影响公司财务治理结构。这些因素相互作用形成动态的财务治理过程。

公司的财务治理结构及其变化在财务治理机制的保障下，表现于上述财务活动的财务治理行为中，最终影响企业的财务治理效率。通过实施股权分置改革，影响上市公司财务治理，使得上市公司从追求短期目标企业绩效过渡到追求长期目标企业成长，从粗放型发展转变为集约型发展，实现企业的战略转型。

虽然，股权分置改革同时作用于公司财务治理的外部环境和内部环境，对公司的财务治理发生影响。本研究主要从企业自身的角度，一方面研究股权分置改革改变公司财务治理内部环境，对公司财务治理的影响，另一方面研究企业战略转型对公司财务治理的影响。

第二节　相关理论演变

一　经济演化

演化经济学实际上是将生物学中的演化理论借鉴到经济学当中，用于解释经济发展问题的一种新理论。从宏观层面上，它可以解释企业理论的演化——新古典企业理论转化为企业网络理论；从微观层面上，它可以解释企业战略目标的演化——利润最大化转变为利益相关者利益最大化。本部分主要用演化经济学对企业理论和企业战略目标的转变进行分析。

（一）企业网络理论

随着经济一体化的发展，借鉴了网络结构描述和研究越发复杂的社会经济关系，逐步形成了企业网络理论。网络经济是 20 世纪 80 年代，特别是 90 年代以来产生的一种崭新的经济现象。

网络是一种结构主义分析范式，最先起源于第二次世界大战后英国一些人类学家们的研究。它是一种超越了传统的关于市场和企业二分法的、复杂的社会组织制度。这种复杂的组织制度是一个动态的，并且依照一定的路径依赖而不断演变的自然历史过程，是关于社会或企业之间网络安排及其演进的各种相关要素之间关系的理论解说。

网络经济的迅速发展是经济基础变迁的必然要求，同时也暴露了原有新古典企业理论的供给不足。网络经济迅速发展，已经成为人类社会经济生活的重要影响因素，原有的古典企业理论的解释力受到限制。

新的企业网络理论与传统古典企业理论相比较，表现为它将企业活动放到更宽广的背景下进行分析。该理论探讨了促使企业间形成的网络安排及其动态演进的各种要素，并且把分析的重点从对企业活动边界的厘定、企业和市场之间的最佳组合，以及对企业内部科层组织方式的选择等方面，转向对企业内外部各种相互作用的网络关系及其组织的研究方面，从而提出了无论是在要素市场中，还是在企业内部，市场和企业不是相互对立的，而是相互联系的对立统一关系。这种对立统一关系，会导致企业间形成错综复杂的网络结构和丰富的制度安排。新的企业网络经济理论实际上改造了传统企业理论有关企业和市场的二分法制度分析范式，扩展为市场、网络和企业三种划分方法的新制度分析范式，促进了亚当·斯密关于市场这只"看不见的手"和企业这只"看得见的手"之间的"握手"。

最新出现的企业网络理论将企业运行中遇到的各种挑战通过一定的方式加以解决。企业交易中存在的，而最终将由个人承载的各种风险，一般可以通过企业之间的网络制度安排加以解决。在市场经济中，由市场和企业组织组成的制度安排很可能是短期的存在，我们可以通过将网络中不稳定的网络制度安排变成长期的制度安排，从而实现对个人行为的系统性约束。

新企业网络理论的提出，目的是对企业的各种行为作出更为合理的解释。该理论重点关注市场微观主体之间的相互关系，而不是重视个体行为，从而使其和传统的新古典企业理论前提假设存在差异。该理论将网络，而不是将交易作为分析的基本单位。将交易作为基本的分析范畴，是传统新古典理论对市场经济中稀缺要素交换关系的描述，它并不能揭示企业相互之间对同一生产要素存在的竞争性需求，但它们之间并未发生交易的相互依赖关系。这种基于稀缺要素的相互依赖关系，正是导致企业采取并购重组等一系列网络制度安排的重要原因之一。以稀缺要素的依赖关系为分析基础的企业网络理论框架的建立，反映了企业网络理论与新古典企业理论在方法论方面的对立。

依据企业网络理论的分析范式，一个均衡市场的形成，要求供求双方的共同作用及动态适应过程，企业家应该发现获利机会，通过引进一种新方法，或者新的要素组合来满足要求。这个动态过程反映了在一个相互作用的市场体系中，存在着多种信息沟通和组织企业活动的制度安排。

企业网络理论不仅关注生产过程这一新古典主义的"黑匣子"，而且重视从企业到市场的中间性制度安排，即如何通过生产关系的调整，降低企业与市场之间的交易成本。

（二）企业战略转型

企业理论及其发展战略一直是西方经济学研究的核心问题之一。企业作为微观经济单位，它既是构成宏观经济的基础，又受到超越自身力量的外部宏观经济环境的影响。它的目标函数不但包括企业边界内的具体目标，在经济体制演进的过程中，还不断受到整体制度演进的影响。企业的发展战略就是在内部和外部综合制度安排约束下的不断创新过程，表现为从一个均衡向另一个均衡不断演进的动态特征。

自 1978 年开始，中国开始了渐进式的经济制度演进，包括两个内容：一是宏观上从计划经济体制转变到市场经济体制；二是微观上企业从粗放型的增长方式逐步转变到集约化的增长方式。在政府主导的强制性制度变迁下，企业的发展战略与追求的利益目标与中国经济制度的渐进式变迁相一致。

1. 总产值最大化

新中国成立以后直至 1984 年的计划经济时期，由于物资匮乏，供不应求，社会整体处于短缺状态。通过计划调拨把企业生产出来的产品转变为社会产品，这种情况下企业的目标就是完成国家生产计划指标。总产值指标能直观反映企业生产的总产品数量，所以这时的企业目标就是总产值最大化。

2. 利润最大化

20 世纪 80 年代以来，中国的经济体制改革实行政企分开的政策，企业成为名义上独立自主的法人。商品经济的发展逐步改变了短缺经济，市场的手段逐步代替了行政手段，由市场自发地调节供求。企业生产符合社会需求的产品，才能销售出去，转变为社会产品。利润既反映了企业的销售收入，又体现了企业的生产成本，是一个综合指标。这一时期实行承包经营责任制的企业以利润最大化作为经营目标。

3. 经济附加值（EVA）最大化和企业价值最大化

到了 2003 年，中国社会主义市场经济体制逐步完善，股份制成为公有制经济存在的主要形式，而迅速成长起来的民营经济也成为推动国家经济发展的重要力量。多种经济成分在企业中共存，企业之间的竞争日趋激烈。于是，利益相关者在评价企业个别产品转变为社会产品的竞争力时，关注到利润指标的缺陷。因此，为了消除短期行为所造成的利润额波动，计量资本金的时间价值、考虑风险报酬等利益考核标准应运而生。经济附加值（EVA）最大化与企业价值最大化等成为新的企业目标。经济附加值（EVA）、企业价值等指标与利润指标密切相关，所以，也可以认为该类指标是对利润最大化指标的修正。

4. 利益相关者利益最大化

进入 21 世纪以后，有中国特色的社会主义市场经济体制初步建立并进一步走向深化阶段，我国的大中型企业大都转变为股份制企业，随着中国经营环境与国际接轨，这些企业的利益目标也与时俱进，发展到一个新阶段——利益相关者利益最大化。

企业的利益主体包括企业所有者——股东，还包括企业债权人、企业职工、社会全体公民以及政府等众多利益相关者。企业是维系各利益主体合作的纽带，是社会经济秩序的根基。因此，企业管理者应不受各利益主体的束缚，公平、公正地协调各利益主体的共同利益。传统的、带有典型利益主体特征的企业目标，如"利润最大化""股东财富最大化"等不再适宜作为企业的利益目标。企业只有将自身的目标函数与社会责任函数融合在一起，才能不断发展壮大。可以说，企业战略目标要涵盖社会责任。

从西方发达市场经济体制与中国社会主义市场经济体制的演进过程可以观察到，作为经济网络节点的企业，它的利益目标的演化遵循了由个体目标向群体目标、由单一目标向多元目标、由个体利益向社会利益的逐步转型。这一方面是社会化大生产促进了股份制企业的大发展和利益主体的多元化；另一方面，也反映了企业社会化以后，它已经成为实现利益目标和社会责任的综合体。

二　制度变迁理论

制度变迁理论包括产权理论、国家理论、意识形态理论。本部分主要介绍了与本研究关系密切的制度变迁理论及其中的制度创新和路径依赖，把产权理论、国家理论和意识形态理论糅合其中；由于交易费用对后来的分析影响很大，所以在这里单列评述。

（一）交易成本

交易成本（Transaction Cost）也叫交易费用，是在一定的社会关系中，人们自愿交往合作达成交易所支付的成本。它是一种人—人关系成本，与人—物关系成本（即一般的生产成本）相对应。只要有人类交往互换活动，就会有交易成本。

交易成本（费用）包括：（1）事前费用，主要是起草、签订协议和谈判、保障协议履行发生的费用；（2）事中的费用，主要是环境变化调整引起的费用、交易双方在调整过程中的讨价还价费用；（3）事后的费用，主要是纠纷发生时建立和维持规制结构运转的费用，兑现承诺引起的费用等。

交易成本的存在有三种效应：（1）减少交易量；（2）影响资源使用的边际成本和使用的密集度；（3）影响合约安排的选择。

利益相关者们将资源共同投入的企业，签订一系列契约，以长期契约代替了短期交易，减少了在市场中发生的交易量。同时，大量的资源集中于企业，由具有经营才能的经理进行经营管理，增加了资源的边际产出，降低了边际成本。为了获得更大的利益，人们也会自动选择最为有利的合约安排。从这种意义上来说，企业的存在就是为了节约市场交易费用。

交易成本的大小主要受三个因素影响：资产的专用性、交易的不确定性、交易的频率。交易费用理论认为，从交易成本的角度来看，企业组织的产生、发展和规模扩张是经济效率提高的客观要求。而经济效率的提高也会表现为交易成本的降低。

制度变迁是一系列制度及结构发生变化，涉及的主体较多，其谈判达成一致的费用较高。同时，由于合同的不完全和信息不对称，交易双方的利益在制度环境变化时会不断发生变化，就会不断发生讨价还价的费用。最终，建立新的制度，依然要维持正常的运转，并兑现最初的承诺。所以，制度变迁面临高昂的交易费用。

（二）制度变迁

制度（Institution）一般被看作公共产品，它的供给和需求决定制度市场的均衡。由于人的有限理性、信息不对称和资源的稀缺性，制度的供给是有限的。当制度的供给与需求不均衡时，就会发生制度的变迁。制度变迁的本质就是从制度非均衡到制度均衡的过程。现实中，有四种原因会引起制度不均衡：（1）制度选择集合改变；（2）技术改变；（3）制度服务的需求改变；（4）其他制度安排改变。

制度变迁（Institution Transition）是指制度要素或结构随时间或环境变化而发生改变。只有制度变迁的预期收益大于预期成本时，才会有主体去推动并实现制度变迁；反之，则会去阻止或推迟制度变迁。

制度变迁的过程分为如下步骤：第一步，形成对制度变迁起主要作用的"初级行动集团"；第二步，提出制度变迁的相关方案；第三步，对方案进行评估和选择；第四步，形成推动制度变迁的"次级行动集团"；第五步，两个集团共同努力实现制度变迁。

制度变迁按主体分为两类：诱致性制度变迁和强制性制度变迁。诱致性制度变迁是一种"自下而上"的制度变迁，由一些受新制度获利机会引诱的集团主导，以非强制性方式推行。强制性制度变迁则是一种"自上而下"的制度变迁，由政府主导，以政府法令的方式强制实行。

"搭便车"（Free Rider）是制度变迁固有的问题。由于制度作为公共产品所具有的非排他性，一旦新的制度建立，制度管辖下的每一个人都可以得到同样的服务，而不区分是否承担建立制度的费用。

当新制度安排所带来的净收益超过制度变迁的费用时，就会发生诱致性制度变迁。由于诱致性制度变迁高昂的交易费用和"搭便车"问题，导致新制度安排的供给不足。此时，政府应进行强制性制度变迁，以弥补制度供给的不足。

制度安排的形式有：自愿形式、政府形式、半自愿半政府形式。诱致性制度变迁多采用自愿的形式，强制性制度变迁多采用政府的形式，但这也不是绝对的。

（三）制度创新

从制度变迁的实现途径来看，有制度移植和制度创新。制度移植主要是借鉴别国成功的制度变迁的经验。即使是借鉴别国的经验，也需要结合本国的国情，进行适应性制度创新。所以，现实中大部分制度变迁都是两种途径的结合，但其中会有一个居于主导地位。

当外部环境发生变化或自身要求提高时，人们就会对制度有更多的需求，导致原有制度不能满足需求，就会带来制度变迁。在制度变迁中总是会存在着制度创新，无论是制度安排的创新，还是制度结构的创新。

制度创新有如下三层意思：（1）特定组织行为的变化；（2）该组织与其环境相互关系的变化；（3）支配行为和关系的规则的变化。

（四）路径依赖

路径依赖（Path Dependence），简单说就是"惯性"，一旦进入某一路径，就会对这个路径产生依赖，而不管最终结果的好坏。制度变迁中的路径依赖，使得制度变迁一旦选择某一路径，它的方向就会在未来的发展中不断自我强化，即"过去的选择决定现在的选择"。

制度变迁以现行的制度结构为基础。制度变迁过程中，许多制度安排都从之前的制度结构中承袭下来。实际上，制度变迁的过程类似于进化的过程，某些制度安排逐渐发生变化，当达到一个临界点时，就从量变到质变，整个制度结构就会发生变化。

现实中，人们总是害怕变化，即使后来证实这种变化可以带来好处。因为变化会导致未来的不确定性，而不确定性会带来风险，风险就可能造成损失。人们不愿意变化，是避免未来发生损失的可能性。所以，当现存的制度环境发生变化时，人们的固有思维是排斥这种变化的，但若是不能抵抗制度变迁的话，就会试图在制度变迁中最大限度地保留原有制度结构中的部分。

路径依赖对制度变迁有很强的制约作用，会影响制度变迁的结果。如果路径选择正确，制度变迁就会迅速推进，实现资源优化配置，相关者利益最大化，形成良性互动发展；如果路径选择不正确，制度变迁沦为少数人的利益工具，就会阻碍社会生产效率的提高，走入恶性循环的"死胡同"。

三　公司财务理论

现代公司财务理论的发展为财务治理理论提供了坚实的基础。传统的企业财务理论，如资本市场理论、资本结构理论、股利政策理论等都发展得相当成熟，且为大家所熟知，在此就不赘述。本部分主要介绍新理论的发展及其对财务理论基础的影响。

（一）代理理论

在经济人假设下，若企业利益最大化与个人利益最大化发生冲突时，就会存在代理问题。代理理论就是研究不同主体间的代理关系，解决相互之间的代理冲突。

现代企业中的代理关系，其实质是一种契约（合同）关系。公司利益相关者为谋求个人利益最大化，将一定的资源（物质资源、人力资源或其他关系资源）投入企业中，由于利益目标的不一致，会带来各方的利益冲突。为了解决冲突，利益相关者共同订立多种形式的契约，由此产生了代理关系。公司中的代理关系主要有三方面：（1）资源所有者与资源使用者分离的情况下，两者之间关于资源的投入和运用的代理关系；（2）不同的资源所有者由于共同向企业投入资源，他们之间以其控制权和利益目标而形成的代理关系；（3）公司中不同层次的管理者之间围绕资源运用形成的代理关系。

随着企业经营的不确定性增加，企业的代理关系变得越发复杂，契约各方之间存在利益不均衡、信息不对称、风险不对等等一系列问题。代理理论通过建立相关的激励监督机制，解决契约各方存在的问题，促使代理人实现委托人的利益目标。

代理理论对现代企业财务理论的发展有重要的作用。运用代理理论处理利益相关者之间的代理关系，建立公司的治理机制；同时解决企业资本结构的选择与风险问题。

（二）不对称信息理论

20世纪70年代，随着信息经济学发展兴起的不对称信息理论，打破了传统经济理论的两个基本假设：理性经济人（economica people）和信息完全（complete information）。在对策中，一些参与人拥有其他参与人所不知道的信息，即称为不对称信息（incomplete information）。

不对称信息理论主要研究委托代理、逆向选择与道德风险、信息传递等内容。当不对称信息发生在事前，就会引起逆向选择问题（在契约签订前，信息优势一方故意隐藏相关信息，以求获取更大收益，另一方因缺乏信息而利益受损）；而当不对称信息发生在事后时，就会引起道德风险问题（在签约后，一方无法对另一方监督约束，由于对方不负责导致的利益受损）。而研究委托代理，就是要设计一种有效的激励约束机制解决上述问题。

不对称信息理论中的"信号""动机""激励""经理人博弈"等概念的引入形成了新资本结构理论，研究公司所有者、经营者和债权人之间的相互作用，从公司价值角度解释资本结构问题。

（三）财务契约理论

财务契约主要用于解决债权人与股东之间因利益矛盾而产生的代理成本。影响债权人与股东之间的利益冲突的事项主要有：股利支付、权益稀释、资产置换和次级投资。股利支付会使企业可用于偿债的现金流减少，带来不能偿付到期债务的潜在风险。权益稀释指企业发行新债，新旧债务共享企业资产的担保，降低了资产对原有债务的担保程度，从而损害债权人的权益。资产置换指用不易变现的资产代替原先易于变现的资产作为债务抵押，降低抵押物对债务的担保价值，带来债务偿还风险。次级投资则指在经营中，企业选择高风险高收益的投资项目，如果成功，则企业获得高额回报，债权人并不能分享收益，只能得到固定的本息；如若失败，企业破产，债权人则要承担由此带来的不能还本付息的风险。

从上述问题可以看出，债权人一旦把资金投入企业，股东就具有了侵害债权人利益的动机和能力。财务契约理论研究财务契约的设计，解决债权人与股东的代理成本问题，如在财务契约中增加转换条款、可赎回条款、优先债务条款、接管条款等。

财务契约理论认为，设计一个最优的激励相容的财务契约，可以减少股东与债权人的冲突，增加企业价值。在财务契约具有成本的前提下，衡量一个财务契约的好坏，主要比较财务契约节约的代理成本是否大于财务契约自身的成本，以带来成本的节约。

（四）信号传递理论

信号传递理论探讨在信息不对称条件下，信息优势一方如何向信息劣势一方传递所需信息。对于企业来说，就是企业如何通过适当的方法向市场传递企业的相关信息，以影响投资者决策。

拥有大量投资机会信息的企业经理，可以通过资本结构或股利政策向投资者传递信号。企业资本结构中，权益资本和债务资本对外揭示了如下信息：公司筹资行为具有一定顺序偏好：内部融资—债务融资—股权融资，即优序融资理论。股利的变化则向投资者传递了有关企业价值的信息：发放高股利，说明企业经营状况良好；反之则说明企业经营出现问题；发放股票股利，说明企业在成长中，需要扩充资本；发放现金股利，则说明企业没有更好的投资机会，手中有大量的现金。企业经营者拥有大量有价值的信息，而投资者处于信息劣势，缺乏投资决策所需信息，但投资者可以通过企业对外公布的报表、政策和事项得到企业内部信息。当然，企业经营者也可以利用信号传递理论，发布不真实的信息，误导投资者。

中国上市公司普遍存在与理论的融资偏好顺序相反的融资偏好，而且股利政策存在不分红或高分红等不稳定不连续的情况，这些并不能正确传递企业的内部信息。这并不是说信号传递理论在中国不起作用，反而说明中国上市公司更善于利用信号传递理论，这与中国特定制度下企业的控制权相关。

四　公司治理理论

财务治理由公司治理而来，是公司治理的一个重要方面，财务治理必须建立在公司治理的基础上，所以公司治理理论成为财务治理的基础理论。经过几十年的发展，产权理论、委托代理理论、利益相关者理论成为公司治理的主要理论基础。

（一）产权理论

产权理论主要研究权利分配对效率的影响。企业的本质是一种契约，而当契约不完全时，就存在一系列剩余收益权与剩余控制权的分配问题。剩余索取权与剩余控制权共同组成企业所有权，它们的结合具有激励效应，所以最优的企业所有权配置应该是剩余索取权与剩余控制权对称安排。

公司治理就是配置剩余索取权与剩余控制权，使两者匹配，改善公司的治理效率，提高企业绩效。同时，所有权安排也是公司治理的基础，所有权形式不同，公司治理的形式也不同。企业所有权与公司治理相互影响。

随后兴起的超产权理论则认为：（1）产权改革并不一定能改善公司治理结构，竞争是保障产权改革有效的前提条件；（2）对经营者的激励并不一定能带来企业业绩的相应提高，竞争是保证激励有效的前提条件。企业产权改革、监督激励只有在市场竞争的前提条件下，才能对经营者起到相应的激励作用。要完善企业的治理机制，必须要引入竞争，产权改革只是一种手段。

前后两种产权理论分别从公司的内部治理和外部治理两个角度论证了影响公司治理的因素，构成了公司治理的理论基础。

（二）委托代理理论

现代企业的重要特征就所有权与经营权分离，由此产生了委托代理问题。由于信息不对称和高昂的契约成本，使得股东无法制定完全的契约，约定经营者行为，所以经营者可以利用各种手段侵犯股东利益，实现自身利益最大化。委托代理理论要解决的主要问题就是：在信息不对称条件下，失去控制权的股东如何监督制约拥有控制权的经营者，以实现股东目标。

其实，在公司治理结构中，有三层委托代理关系：（1）股东（委托人）和经营者（代理人）之间的委托代理关系；（2）小股东（委托人）和大股东（代理人）之间的委托代理关系；（3）管理者（委托人）和员工（代理人）之间的委托代理关系。前两种关系在公司治理中受到更多关注。委托代理理论研究的重点就是如何设计一套有效的机制，使代理人在追求个人效用最大化的同时实现委托人的效用最大化。

剩余索取权与剩余控制权的分离，会产生代理成本和代理收益，有效的机制设计必须保证代理成本小于代理收益。代理成本主要包括委托人的监督成本、代理人的抵押担保成本和剩余损失。代理成本的高低由两个因素决定：一个是所有权与经营权的分离程度，取决于股权结构和公司治理安排决定；另一个是委托代理层次的多少和范围的大小，与企业制度和治理结构密切相关。

（三）利益相关者理论

利益相关者是指与公司产生利益关系的个人或组织，如股东、债权人、管理者、员工、顾客、供应商、社区、政府等。其中，前四种利益相关者在公司治理的研究中得到了重视。

利益相关者理论认为，股东利益最大化不应是企业经营的唯一目标，还应考虑其他利益相关者的利益。所以，现代企业的经营目标应该是各种利益相关者的利益共同最大化，而有效的公司治理结构也应该向这些利益相关者提供相应的责、权、利。

企业不再是一个由资本所有者组成的联合体，而是由多个利益相关者共同投入资源构成的契约联合。由此，不仅股东拥有公司治理权，所有的利益相关者都应该拥有公司治理权，形成利益相关者共同治理的模式。

利益相关者理论指明了公司治理结构改革的方向，使得公司治理由单边治理发展到多边治理，完善公司治理结构。

利益相关者的利益可以通过制定相对完备的契约条款来进行保护。有些利益相关者投入的资产专用性不强，随时可以撤出投入其他地方。所有的利益相关者都承担了公司风险，但有些风险得到了契约补偿或具备优先偿付权，他们没有资格参与公司治理。不是所有承担风险者都能成为公司治理的主体，这取决于风险的特征：首先，风险在空间上不可溯（风险为公司的经营风险）；其次，风险在时间上不可溯（风险为公司的最终风险）。

但在现实中，利益相关者共同治理存在一些问题。（1）利益相关者很难界定。与企业利益相关（直接关系和间接关系）的人可以扩展到所有人，但企业的治理主体不可能是所有人，如中国的国有企业。同时，相关的程度和形式也很难确定。（2）利益相关者之间的利益冲突会增加交易成本。

（四）公司治理（Corporate Governance）

公司治理是一个宽泛的概念。狭义的公司治理，指公司股东对经营者的一种监督与制衡机制。广义的公司治理则包括所有利益相关的制衡。公司治理通过内外部制度安排（正式的或非正式的），协调公司和利益相关者之间的关系，实现共同利益最大化。

为解决所有权和经营权分离中存在的代理问题，建立了一套制衡制度，保护利益相关者的权益，形成公司治理结构。在公司内部主要通过股东大会、董事会、监事会及管理层构成公司内部治理。在公司外部则是通过制度市场、证券市场、产品市场、经理市场等，形成公司外部治理。

为了使公司治理结构有效，合理配置权利，还需要有公司治理机制发挥激励监督作用。公司治理机制包括：（1）怎样配置和行使控制权；（2）怎样监督和评价董事会、经理和职工；（3）怎样设计和实施激励机制。

公司治理的要素有：主体、客体和原则。公司治理的主体指实施公司治理的利益相关者。公司治理的客体指公司治理的对象及范围。公司治理的原则主要有如下几点：可信赖性、透明度、公平、选举方法、最佳行为准则、长期观点。

世界上比较典型的公司治理模式有：英美模式、日德模式、家族模式（东南亚模式）。英美模式是"市场导向型"的，英国、美国等资本市场非常发达，法律制度健全，对股东权益保护充分，股权分散；董事会实行分层制，下设多个委员会负责不同的专门事项；外部经理人市场、控制权市场等发展成熟，发挥了很大的激励监督作用。日德模式则是"银行导向型"的，银行在公司治理中处于核心地位，法人持股比例大，许多法人相互持股，董事会具有任命和解聘高级管理人员的权力。家族模式则属于高度集权式的治理模式，企业所有权或股权主要由家族控制，通过金字塔型持股、横向持股，经营决策权进一步集中，来自外部的监督较弱。

公司治理是一种将外部性最小化的机制。当公司治理的有关规则和机构不能给股东提供充分保护时，分散的股东无力保护自己的权益，集中的股权结构更具有优越性。公司治理是将所有制改革转化为经济效率的关键。如果公司治理不完善，所有制多元化、公司化，引入非国有投资者都不可能真正提高效率。

控制权是公司治理的基础，公司治理是控制权的实现。一方面，公司治理是在既定资产所有权下实施的；另一方面，所有权中的各种权利通过公司治理进行配置。不同的所有权形式会导致不同的公司治理形式。

五　财务治理理论

财务治理（Financial Governance）是在公司财务与公司治理交叉融合中产生的。财务治理是公司治理的核心，同时与财务管理共同构成财务理论。财务治理概念提出的时间较短，基础理论研究比较薄弱。公司财务治理作为一个理论体系，包含财务治理结构、财务治理机制与财务治理效率。其中财务治理结构是权利基础，财务治理机制是制度保障，它们都处于特定的财务治理环境中，共同达到最终目标——财务治理效率，这些都表现在具体的财务治理行为中（见图2-2）。

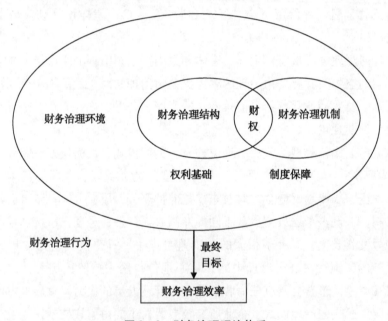

图 2-2　财务治理理论体系

（一）财务治理结构

财务治理结构是公司治理结构的核心及重要组成部分，以至于有的学者认为财务治理结构就是财务治理。它通过一定的财务治理手段，合理配置财权，形成激励约束机制，达到财务治理的目标。

财务治理结构以财权为基本纽带，把融资结构作为基础，在以股东为中心的共同治理理念下，合理配置财权，建立有效的财务激励与约束机制，以一整套制度安排通过企业科学决策，实现利益相关者的利益最大化。

从财务治理结构的含义可以看出，财权配置是财务治理结构的核心。派生于产权的财权体现了一定财务经济关系，是一组财务权利的集合。财权由财务收益权和财务控制权组成，而其中的财务控制权又可分为财务决策权、财务执行权与财务监督权，财务决策权居于三项权利之首。

广义的财务治理结构有财务资本结构和财务组织结构之分。财务资本结构主要从资本的角度反映公司不同利益相关主体在公司财务治理中拥有的权利，主要包括资本结构、股权结构和负债结构。财务组织结构则反映公司不同组织结构设置对公司利益相关者权利的保障，包括股东大会、董事会、监事会和经理层的设置。狭义的财务治理结构主要指财务资本结构，此时的财务组织结构则属于财务治理机制的范畴。本书后面研究中所指的财务治理结构是狭义上的。

（二）财务治理机制

在特定的企业财权配置和财务治理结构安排下，财务治理机制是一种能够自动规范和调节财务治理活动的机制。财务决策机制、财务激励机制和财务约束机制这三方面共同构成财务治理机制。

企业财务治理机制解决一个根本问题"如何在各产权主体之间有效地配置财权"。一个有效的财务治理机制可以保护利益相关者的利益不被内部控制人（主要指控股股东和管理层）侵害。在财务契约中，对于部分财权的配置已做了明确的约定；但由于契约不完全，还有部分财权没有办法明确约定，形成了剩余财权。而企业的财务治理主要就是对剩余财权进行配置。所以，财务治理机制就是通过制度调节财务治理各要素的关系，保证财务治理结构的实现，提高财务治理效率。

传统的观点认为，股东投资建立企业，拥有企业的所有权，所以，财权也应该配置给股东。现代企业是由各利益相关者共同投入资源形成的，是利益相关者产权契约的联结体，所以，各利益相关者共同拥有财权是一种有效的财务治理机制，即共同治理机制。利益相关者获得相应的公司控制权并相互制衡，分享公司财务收益以实现自身利益，最终实现财务治理目标，这就是共同治理机制。

财务动态治理机制更多地表现为相机治理。当财务治理的内外部环境发生变化导致企业财务状况改变时，为保护利益相关者，并提高治理效率，就需要对企业剩余财权进行重新配置。在不同的情况下，股东、债权人、管理者和员工等利益相关者都有权获得剩余财权，从而形成不同类型的财务相机治理机制。

（三）财务治理效率

财务治理效率是财务治理的目标，而剩余财权配置的效率是财务治理效率的核心。剩余财权配置的效率要求剩余索取权与剩余控制权对应。如果要素所有者有剩余索取权，而没有剩余控制权，这时其剩余索取权就很难实现。反之，如果要素所有者只有剩余控制权，没有剩余索取权，其权利不能带来自身利益的实现，也没有任何意义，只是廉价的投票权而已。

在既定的财务治理环境及其变迁中，财务治理结构与机制有效搭配，以最低的财务治理成本取得最高的财务治理收益，就是衡量财务治理效率的标准。

财务治理收益是由于实施财务治理活动而带来的利益相关者增加的收益或效用的总和。财务治理成本指为实施财务治理活动所发生的成本总和，有交易成本（财务治理主体在财务契约中自愿承担的义务，以及在履行义务时发生的信息搜寻成本、谈判缔约成本、监督激励成本与履约成本等）、代理成本（包括第一类和第二类代理成本，第一类代理成本是由于股东与经营者目标不一致产生的代理成本，第二类代理成本是由于股东间的冲突所产生的代理成本）、财务治理组织结构成本（指财务治理组织结构设置及运转的成本）、市场治理成本（市场治理体系对公司治理所发生的成本总和）、遵循成本（公司执行法律法规所发生的成本）、制度摩擦成本（由于制度不兼容带来的成本）等。

由于所有利益相关者的财务治理收益和成本难以衡量，其中无形的收益和成本更是难以用货币衡量，所以，本研究以企业绩效和成长指标来衡量企业财务治理效率。

第三节　本章小结

计划经济向市场经济转变，成长为成熟的市场经济，经济演化过程需要制度变迁，同时也促成了制度变迁。股权分置改革是中国资本市场的一次重大制度变迁，它对中国资本市场和上市公司的影响是深远的，带来了公司财务治理内外部环境的变化，对公司财务治理结构、机制和效率有很大的影响。本章并不是回顾完整的相关理论体系，只是介绍分析了与本研究相关的理论基础。

首先，对股权分置、企业战略和财务治理等核心概念予以界定，深入剖析其内涵和外延，厘清企业战略与财务治理的内在关系，分析股权分置改革对上市公司财务治理和企业战略的影响路径，说明本课题研究的侧重点。本研究主要从公司财务治理内部环境的角度，研究股权分置改革使上市公司财务治理结构发生变化，及对上市公司财务治理效率的影响。

其次，介绍了股权分置改革和公司财务治理相关的理论，主要有经济演化理论、制度变迁理论、现代财务理论、公司治理理论、财务治理理论。

分析了演化经济视角下的企业理论和企业战略目标的演化。演化经济从宏观层面，它可以解释企业理论的演化——新古典企业理论转化为企业网络理论；从微观层面，它可以解释企业战略目标的演化——利润最大化转变为利益相关者利益最大化。

主要介绍了与本研究关系密切的制度变迁理论及其中的制度创新和路径依赖，把产权理论、国家理论和意识形态理论糅合其中，没有单独评述；由于交易费用对后面的分析影响很大，所以在本章中进行单列评述。

公司财务治理作为一个新的理论，建立在公司财务理论和公司治理理论基础之上，借鉴了其中很多的定义、概念和方法。所以，用两节分别介绍现代公司财务理论基础、公司治理理论基础。财务理论经历了从传统理论到现代理论的发展，其中的很多传统假设已经被打破，本研究着重介绍代理理论、不对称信息理论、财务契约理论和信号传递理论等影响下的财务理论的变化。财务治理是公司治理的核心，所以公司治理理论成为财务治理的基础理论。本研究评述了产权理论、委托代理理论、利益相关者理论等公司治理的主要理论基础，说明了公司治理理论的变化。

公司财务治理理论是财务治理的基础理论，处于发展的初期，其理论体系的构建尚不完善，其概念内涵也无定论。本研究介绍了其中的主流观点，对文中涉及的概念范畴予以界定。通过对以上理论的梳理和概念范畴的界定，为本书后几个章节的理论分析和实证检验奠定了坚实的理论基础。

第三章

股权分置改革的发展历程

从 1991 年到 2001 年，中国资本市场经历了多次法人股流通试点和国有股减持试点失败的尝试后，发现股权分置已成为急需解决的问题，而进行股权分置改革涉及的问题的广度、深度及其复杂性是始料未及的。由于中国的制度和经济特点，使得股权分置这一独有的问题必须结合中国的国情来解决，改革没有成功的先例可以借鉴，只能一路摸黑前行（见表 3－1）。

2005 年至今，所有上市公司股权分置改革方案的通过并实施，非流通股逐步解除限售，每一步都实现了阶段性的目标，股权分置改革并未像大家普遍认为的已经结束，改革的前景越发明朗，改革的程度也越加深化。根据股权分置改革的发展特点，可把它分为三个阶段：试点阶段、全面推行阶段、后股权分置改革阶段。

表 3－1　　　　　　　　　　股权分置改革大事

时间	事　件
2004 年 2 月 2 日	国务院《关于推进资本市场改革开放和稳定发展的若干意见》
2005 年 4 月 29 日	中国证监会《关于上市公司股权分置改革试点有关问题的通知》
2005 年 5 月 31 日	中国证监会、国资委《关于做好股权分置改革试点工作的意见》
2005 年 6 月 1 日	中国证监会《关于做好第二批上市公司股权分置改革试点工作有关问题的通知》
2005 年 6 月 17 日	国资委《关于国有控股上市公司股权分置改革的指导意见》
2005 年 6 月 30 日	财政部、国家税务总局《关于股权分置改革试点有关税收政策问题的通知》
2005 年 8 月 23 日	中国证监会、国资委、财政部、中国人民银行、商务部《关于上市公司股权分置改革的指导意见》
2005 年 9 月 4 日	中国证监会《上市公司股权分置改革管理办法》
2005 年 9 月 6 日	沪深交易所《上市公司股权分置改革业务操作指引》
2005 年 9 月 10 日	国资委《关于上市公司股权分置改革中国有股股权管理有关问题的通知》

续表

时间	事件
2005 年 9 月 17 日	国资委《关于上市公司股权分置改革中国有股股权管理审核程序有关事项的通知》
2005 年 9 月 16 日	沪深证券交易所《上市公司股权分置改革保荐工作指引》
2005 年 10 月 26 日	商务部、证监会《关于上市公司股权分置改革涉及外资管理有关问题的通知》
2005 年 11 月 14 日	财政部《上市公司股权分置改革相关会计处理暂行规定》
2006 年 5 月 17 日	中国证监会《首次公开发行股票并上市管理办法》
2006 年 6 月 19 日	第一批试点股权分置改革的 G 三一部分限售股解除限售限制

资料来源：根据上海证券交易所网站相关资料自行整理。

（http：//www. sse. com. cn/sseportal/ps/zhs/home. html）

第一节　股权分置改革的试点

2004 年 2 月 2 日，国务院《关于推进资本市场改革开放和稳定发展的若干意见》提出要积极稳妥解决股权分置问题，成为股权分置改革开始的标志，传达了国家进行资本市场改革的决心。其中指出，解决股权分置问题，必须尊重市场规律，同时要有利于资本市场的稳定发展，必须要保护公众投资者的利益。

2005 年 4 月 29 日，中国证监会《关于上市公司股权分置改革试点有关问题的通知》正式启动股权分置改革试点工作。其中明确了改革的目标是健全资本市场功能和促进上市公司长远发展，提出"合理控制改革节奏，实行试点现行、分步推进"，同时要建立有效的市场监管机制。

2005 年 5 月 31 日，中国证监会、国资委联合下发了《关于做好股权分置改革试点工作的意见》，要求试点企业积极进行股权分置改革，形成良好的示范效应，稳定预期。随后 6 月 1 日，中国证监会《关于做好第二批上市公司股权分置改革试点工作有关问题的通知》，完善试点工作中的对价形成机制。

2005 年 6 月 17 日，国资委公布的《关于国有控股上市公司股权分置改革的指导意见》要求，国有控股上市公司要确定控股股东最低持股比例，确保国有经济布局和市场稳定。

2005 年 6 月 30 日，财政部和国家税务总局联合下发《关于股权分置改革试点有关税收政策问题的通知》，对股权分置改革中由于支付对价而进行的股权转让和现金收入，暂免征税。

从 2004 年 2 月到 2005 年 8 月，先后两批共 46 家上市公司进行了股权分置改革试点。试点的公司覆盖了大型中央企业、地方国有企业、民营企业和中小企业等不同类型和层面的企业，但都是前期业绩好的企业。到本阶段结束时，除清华同方外，其余 45 家公司的股权分置改革方案都顺利通过，并开始实施。

股权分置改革的规范性文件的出台，税收的暂免和绩优的试点公司等为股权分置改革试点的成功奠定了基础。试点阶段的初步成功为后来的全面铺开提供了一定的经验，但由于试点的特殊性（对象的特殊、关注的特殊），许多措施并不能照搬照抄，股权分置改革实施的难度也会大很多。

第二节　股权分置改革的全面推行

2005 年 8 月 23 日，中国证监会、国资委、财政部、中国人民银行、商务部联合下发《关于上市公司股权分置改革的指导意见》，对股权分置改革提出了方向性意见，迈开了全面股权分置改革的步伐。

2005 年 9 月 4 日，中国证监会公布的《上市公司股权分置改革管理办法》，规定了股权分置改革的原则、操作程序、改革后非流通股的出售、信息披露、监管措施等。2005 年 9 月 6 日沪深交易所公布《上市公司股权分置改革业务操作指引》，规范股权分置改革的业务操作。

2005 年 9 月 10 日和 17 日，国资委《关于上市公司股权分置改革中国有股股权管理有关问题的通知》和《关于上市公司股权分置改革中国有股股权管理审核程序有关事项的通知》，进一步为国有上市公司的股权分置改革扫清了障碍。

2005 年 9 月 16 日，沪深证券交易所发布《上市公司股权分置改革保荐工作指引》。2005 年 10 月 26 日，商务部、证监会联合发布了《关于上市公司股权分置改革涉及外资管理有关问题的通知》。2005 年 11 月 14 日，财政部发布《上市公司股权分置改革相关会计处理暂行规定》。

这些文件的出台，为股权分置改革的全面推行，扫清了政策障碍，铺平了道路。在各方的共同努力下，股权分置改革顺利铺开，但在随后的进行中，上市公司中存在的亏损、担保和占用资金等问题，流通股股东和非流通股股东就股权分置改革方案难以达成共识，许多公司的股权分置改革未获通过，影响了整个股权分置改革工作的进程。

随后，中国证监会、国资委等部门专门召开会议，探讨进一步推进股权分置改革进行的办法，财政、税收、外资、股权激励等与股权分置改革配套的政策陆续由相关部门推出。随着90%以上的上市公司股权分置改革完成，存量股票改革的攻坚任务基本完成。

2006年5月17日，中国证监会《首次公开发行股票并上市管理办法》，开始着手解决新股发行中增量股票的股权分置问题（也即"新老划断"）。

截至2006年11月，大部分上市公司已经实施了股权分置改革，有1096家已经实施股权分置改革，另有54家董事会发布预案，29家股东大会通过，8家开始股权分置改革，公司总市值占沪深股市总市值的98.55%，股权分置改革取得初步的成功。多样的对价方式、权证的创新应用发挥了促进作用。但整个改革的开始和推进仍带有明显的行政命令痕迹，本应由市场化解决的问题，依然由政府强制解决，导致大量上市公司的股权分置改革对价出现"锚定效应"。这一方面是由于中国的制度特点造就，另一方面，为后来的改革深化带来隐患。

第三节　后股权分置改革/限售股上市流通

大家普遍的观点认为，改革方案通过并实施，改革的过程就结束了。但实际远非如此，后续的影响效应和政策的适应性调整是一个漫长的过程，更是改革的深化过程。

中国证监会的《上市公司股权分置改革管理办法》规定，股权分置改革后原非流通股股份自改革实施之日起，12个月内不得上市交易或转让；而"大非"（即持有上市公司股份总数5%以上的原非流通股股东）在前项规定期满后，在12个月内出售公司股份的数量不得超过总股份数的5%，在24个月内不得超过10%。

也就是说，从股权分置改革方案实施之日起，到公司的股票全流通至少需要3年时间，要考虑到其他不可预见的问题，达到全流通的时间可能会更长。所以，这里把限售股上市流通划分为后股权分置改革阶段，它将是一个更漫长和复杂的过程。

　　截至 2006 年底，大部分上市公司已经实施了股权分置改革。而与此同时，股权分置改革的后续工作也进入实施阶段。2006 年 6 月 19 日，第一批试点股权分置改革的 G 三一（2005 年至 2006 年，股票市场上已经开始实施股权分置改革的上市公司，股票名称都将暂时变更为以 G 开头的简称，直至公司股权分置改革实施结束后恢复原股票名称）部分限售股解除限售，开始流通，标志着中国资本市场即将迈入全流通时代。

　　随着解除限售的股票不断增多和"新老划断"后大量新股的上市，市场容量急剧扩张，而市场指数不断下滑。沪指从最高 6124.64 点一路下滑到 1820.81 点。除了全球金融危机导致经济前景不明的问题，更多的还是由于政策缺陷导致的股权分置改革问题集中爆发。随后，国家出台各相关措施救市，很多上市公司的大股东也表示愿意延长限售期，但依然没有阻挡股指下滑的脚步。

　　实际上，证监会对改革后公司原非流通股股份的出售进行规定，就是避免所有的非流通股转变为流通股，并同时流通及对股市造成的巨大冲击。但规定中只对"大非"（持有上市公司原非流通股股份 5% 以上）的上市流通减持作了时间和比例的限定，忽略了众多的"小非"（持有上市公司原非流通股股份 5% 以内）总和对市场带来的冲击。

　　更深层次的原因，则是由于原非流通股股东低成本购买股票，低成本获得流通权，股权分置改革前的分红早已收回了成本，解禁后急于出手套现。而这恰是由于之前的股权分置政策和后来的股权分置改革政策存在缺陷，导致利益不均衡，造成原非流通股股东对流通股股东的利益侵害。

　　股权分置改革这场由政府主导的强制性制度变迁，替代了在中国特定环境下难以推行的诱致性制度变迁。政府提供制度供给，而作为制度需求方是否买账，还得看制度变迁是否能带来增加的利益或效用。

　　股权分置是中国股市存在多年的痼疾，要想彻底根除，得花大力气。股权分置改革推进中产生的诸多问题，有许多原因：一是计划经济的传统思想作祟，反对市场化改革；二是既得利益群体固守既得利益，为改革制造障碍；三是制度设计存在缺陷，导致改革效率不高，存在后续问题；四是激励约束机制不健全，导致经营者激励不足，约束缺乏；五是控制权市场、经理人市场等外部市场不健全，缺乏外部监督机制；六是法律法规不健全，对投资者保护不力，对部分投机者危害市场、危害他人的行为没有明确惩罚措施或惩罚不严。

第四节　本章小结

　　研究股权分置改革对上市公司财务治理的影响，有必要回顾一下股权分置改革的发展历程。股权分置改革是中国经济演化过程中的重要一环，也是中国资本市场的一次重大制度变迁。2005 年至今，股权分置改革经历了三个阶段：试点阶段、全面推行阶段、后股权分置改革阶段。目前，改革处于第三阶段，制度创新发挥了巨大作用，改革的成效明显，但也暴露出许多问题。在这场由政府主导的强制性制度变迁中，由于制度设计的缺陷和路径依赖的影响，股权分置的表面问题虽然解决了，但又带来很多潜在的深层次的问题。

第四章

股权分置改革前后公司财务治理变化的理论分析

由于股权分置使得中国上市公司财务治理存在诸多问题，而股权分置改革就是要改变股权分置的状态，股权分置改革的实施和推进必定会导致上市公司财务治理发生变化。股权分置改革中非流通股取得流通权，是以国家为主的强制性制度变迁。改革中，不同主体的利益发生变化，必然导致上市公司的利益相关者的行为发生变化，以实现自身利益最大化。不同利益主体的权利重新配置改变了上市公司财务治理的基础，财务治理结构发生变化，最终影响公司的财务治理效率。沿着股权分置改革影响上市公司财务治理的路径，深入剖析股权分置改革对上市公司财务治理的影响，为后来的实证分析奠定理论基础。

本章分两部分来探讨中国上市公司的财务治理：首先，分别从财务治理结构、财务治理机制和财务治理效率三方面，说明股权分置改革前上市公司在财务治理存在的问题；其次，逻辑推理股权分置改革的各项措施对公司财务治理的影响。

第一节　股权分置改革前上市公司
财务治理存在的问题

股权分置改革之前，由于上市公司的股权处于分置状态，一小部分流通股高溢价发行，可以自由上市流通买卖；而大部分非流通股以成本价发行，不能上市流通，形成"同股不同权不同价"的问题。由于制度的缺陷，导致不同利益目标的人为自身利益最大化，侵害别人的利益，无视上市公司本身的发展，使得上市公司的治理存在很多问题。本部分主要从治理结构、治理机制和治理效率三个方面分析股权分置状态上市公司财务治理存在的诸多问题。

一　财务治理结构问题

（一）股权分置制度下，非流通股股东与流通股股东的"交易权利"和"利益实现机制"不同，造成两类股东间缺乏共同的利益基础，利益目标不同

首先，非流通股与流通股获得的成本有差异，也即"同股不同价"。非流通股股东在获得股票时，基本上都只需支付股票面值或每股净资产等较低的价格；而流通股股东在二级市场申购，申购价本身已包含高额的溢价，更不用说其后在二级市场流通时，支付价更高的股价。

其次，非流通股与流通股的权利不同，也即"同股不同权"。非流通股不能上市交易，只能以场外协议的方式成交，流动性不强；流通股可以自由地在二级市场上交易，流动性很强。

再次，非流通股与流通股获得利益的方式不同，也即"同股不同利"。非流通股股东的合法获利方式有两个：一是上市公司发放红利；二是场外交易的资本利得收益。流通股股东的获利方式有两个：一是上市公司发放红利；二是二级市场买卖的资本利得收益。两者的差别主要在资本利得上，非流通股股东的资本利得主要是每股净资产的增加，而且不经常发生；流通股股东的资本利得主要是买卖价差收益，可以随时发生。

最后，非流通股股东与流通股股东的利益目标不同。由于"同股不同价不同权不同利"，导致非流通股股东的利益目标主要在于资产净值的增加；而流通股股东的利益目标在于股价的提升。

（二）国有股占绝对优势，出资人与监管者双重身份，行政领导代替市场机制，公司治理结构被架空

截至 2004 年，中国国有控股上市公司 872 家，占 A 股上市公司总数的 65%；而国有股份则占全部上市公司总股本的 47%，占全部非流通股份的 74%；在近 2/3 的上市公司中国有股处于相对控股地位（持有某一上市公司股票的比例超过 30%，就认为对该上市公司相对控股），有近一半的上市公司中国有股处于绝对控股地位（持有某一上市公司股票的比例超过 50%，就认为对该上市公司绝对控股）。这一方面是由中国以公有制为主体的经济性质所决定的，另一方面是中国资本市场的政策导向所致。

从法律的角度来看，国家所有即全民所有。全民作为国有股的所有

者，数量众多且分散，无法履行出资人职能；国务院作为国有资产权利的主体，是国家所有权的"总代理"，与全民之间形成委托代理关系。而国务院与国有资产监督管理委员会（以下简称国资委）之间又形成委托代理关系。国资委作为代理人，履行出资人职能；同时，国资委作为政府机构还承担经济管理的行政职能。国资委在这里承担了出资人和监管者双重身份，从而政企不分，责任利益不明确。

市场经济是以价格机制、竞争机制和供求机制影响市场的均衡。中国从计划经济过渡到市场经济，还没有完全转变观念，对微观经济也总是习惯以行政管理代替市场机制，表现在以下几个方面：（1）董事委派制。董事、监事和独立董事大多是由政府任命的，不必经过股东大会选举，即使形式上是股东大会通过任命的，也是通过控股所占有的绝对投票优势委派的官员型管理者，并不是一个市场化选择最适合管理者的行为。（2）管理者官员化。管理者的选择采用行政选拔的标准，带有行政级别，薪酬与行政级别挂钩，本质还是政府官员。（3）代理人权利不充分。上级不仅以行政权力干涉企业的人事任免，还干预企业的生产经营，不尊重市场规律，上市公司缺乏独立的经营管理权。

在上市公司治理结构中，大部分的决策者、管理者和监督者都是由政府以选拔官员的标准以行政方式任命的，一方面，这些人的能力不一定符合上市公司经营管理的要求，对现代市场经济的经营理念、管理方法不熟悉，以行政命令方法行事；另一方面，他们的意愿和目标不在于上市公司，最终希望升迁，继续做政府官员。所以，他们的决策必须符合上级领导的意图，谋求短期内追求升迁的资本，不关注企业的长期发展。整个企业虽然在形式上具备了现代企业的治理结构，实质上治理结构存在缺陷、被架空。

（三）股权结构高度集中，"一股独大"，股东大会和董事会治理存在缺陷，受制于控股股东，中小股东"搭便车"

中国上市公司不论是国有的还是非国有的，股权集中度都非常高。第一大股东持股比例接近一半，而第二大股东至第五大股东的持股比例之和远远低于第一大股东，说明股权高度集中于第一大股东。这就形成"一股独大"的现象。

由于上市公司中第一大股东的持股比例远远大于后几位股东的持股比例之和，所以，形成了实际上的绝对控股，不管名义上是否绝对控股。控股股东利用自己的控股优势，控制股东大会、董事会及经理。在原有的投票表决规则下，控股股东可以轻易地投票否决（通过）对自己不利（有利）但对公司长远发展或其他股东有利（不利）的提案。控股股东通过控制股东大会，使自己提名的董事通过，占据董事会多数，使董事会也成为代表自己利益的机构。在这种层层控制之下，经理也成为代表控股股东利益的"傀儡"。

第一大股东持有的多为非流通股，由于不能获取股价上涨的收益，于是通过各种手段实现自己的利益。通过高溢价融资或再融资获得大量资金，再通过分配股利、资金侵占掏空上市公司。在信息不对称情况下，控股股东还通过内幕交易或发布虚假信息，操纵股价，获得非法收益。

上市公司的中小股东由于持股比例不高，参与公司治理的动力不足。另外，由于大部分小股东都是流通股股东，当控股股东侵害流通股股东利益时，他们可以选择卖出股票，"用脚投票"。

（四）多层委托代理，治理主体不明确，所有者缺位，产生"内部人控制"

委托代理链条越长，成本越高，效率就越低，代理问题就会越突出。中国上市公司大部分都有多层的委托代理关系，而企业之间多以一种行政授权关系并非本应的产权关系联结，导致产权模糊，投资主体不明确，经理借机掌握了企业的控制权，成为企业的实际控制人。

上市公司的剩余索取权归属股东，但控制权却在经理手中，剩余控制权与剩余索取权不匹配。经理通过多种手段谋取私利，损害股东利益，如利用职权谋取灰色收入、追求奢侈的在职消费、盲目扩张等。同时，又利用政府或其他的名义控制人推卸责任，转嫁风险。

（五）资本结构存在问题，普遍高负债，忽视债权人利益，债权人治理低效

由于中国的上市公司多脱胎于原来计划经济体制下的国有企业，大部分是依靠银行贷款发展起来的，资产负债率很高，有的甚至达到70%—80%。上市公司在公开募集股份时，会增加资本结构中所有者权益的份额，但是少量的流通股和高额的银行债务比，还是不能根本改变企业高负债的资本结构。

由于负债具有财务杠杆的作用，当企业的投资收益率高于负债利息率时，多负债就会对企业的收益产生放大的作用。也就是说，企业只需向债

权人支付固定的利息和本金，而多余的收益则由企业独得，同时增加债务也不会带来股权的稀释。因此，高负债的中国上市公司倾向于选择高风险高收益的经营项目，若冒险成功，则独享高额收益；一旦经营失败，可能血本无归，甚至资不抵债，债权人不能收回本金。在这种风险和收益不对称的治理结构中，缺乏债权人治理。

通常，企业向银行借款时，银行也会有相应的限制性条件，来控制贷款的风险。但由于国有银行自身也存在与国有上市公司一样的治理问题，代理人并不考虑国有银行的长期经营收益，最终的经营风险损失由国家承担。同时，由于上市公司与银行同是国有，"自己用自己的钱"理所应当，很多贷款甚至是以行政手段促成的。债权人更多的是事后的监督，很少参与到企业的治理当中去，争取相应的控制权，无法保障自己的权益。

（六）其他利益相关者未能在治理中发挥作用

在现代利益相关者理论里，供应商、客户、社区等的利益也会受到企业的影响，应该参与到上市公司的治理当中去。在传统的观念里，股东投资创办了企业，企业就是股东的。所以，很多公司及其管理者（甚至包括利益相关者）还认为公司的经营管理是自身的事情，不愿把相应的控制权分给其他利益相关者。而其他利益相关者由于思想观念的问题，也没有尽力去争取与自己利益相匹配的控制权；同时，由于参与治理需要付出成本，主动放弃了参与公司治理的权利。

二　财务治理机制问题

（一）股东大会、董事会、经理层之间的制约机制未能发挥作用

正常情况下，股东大会—董事会—经理层形成一个层层委托代理的关系，每一层代理人对委托人负责，而委托人对代理人进行监督，财务决策权、财务执行权、财务监督权在股东大会、董事会、经理层之间合理配置，相互制衡。股东大会、董事会、经理层只具有形式上的组织结构，实际上人事同源化和重叠现象严重，公司的财务控制权基本集中在代表大股东利益的经理层手中。

中国上市公司股权分置且高度集中的股权结构，导致财权配置过于集中，控股股东掌握公司的财务控制权。控股股东控制了股东大会和董事会，进而使经理成为自身利益的代表。控股股东完全忽略其他利益相关者的权益，通过担保贷款、关联交易、资产置换、非法挪用资金等"资金隧

道"侵害上市公司利益。

（二）独立董事未能发挥监督作用，内部约束不强

股权高度集中的情况下，上市公司的董事会多是内部董事占优，独立董事只起点缀作用，很难对董事会的财务决策产生实质性影响。独立董事实质上还是由大股东控制的董事会选择任命，难以代表中小股东的利益。独立董事的职责不明确，主要发挥的是咨询专家的作用。对独立董事的能力要求规定不明确，任命的独立董事缺乏相关的知识和能力，使得独立董事不"独立"，独立董事不"懂事"。独立董事在独立性、自身能力等方面存在问题。

对上市公司独立董事的职责权限规定不明确与监事会的职能界定存在问题。同时，缺乏必要的评价、激励约束机制，未明确相应的责任义务，导致"花瓶董事"。独立董事的薪酬由董事会确定，且多以固定的货币报酬为主，与其工作能力贡献无关，所以，很多独立董事缺乏积极行使职责的动力。同时，缺乏责任追究惩罚，也无外部的竞争压力和淘汰机制，对独立董事缺乏监督惩罚，导致独立董事不作为现象严重。

（三）监事会虚置，难以起到监督作用

在中国上市公司机构设置上，监事会与董事会平行，监事会并没有任免董事会成员和经理的权力，也无否决董事会决议的权力，仅有事后的监督检查权，使得监督的力度和效果大打折扣。

同时，监事会的成员也多来自企业内部，其报酬、职位由管理层决定，出于保护自身利益的目的，就很难对董事、经理的失责行为进行监督和纠正。而监事会成员的自身素质和能力，专业性不强，也限制了其难以担负起监督的职责。

上述多种限制使得监事会成为一个虚设的机构，无法在公司财务治理中真正地发挥监督和制衡的作用。

（四）对经营者的激励不足，约束有限，激励约束机制不完善

脱胎于国有企业的中国上市公司，有着传统国有企业自身存在的问题，激励机制缺乏，激励目标结构不合理。中国上市公司管理者的报酬多以货币为主，而且与企业的经营绩效相关性不大，导致货币性激励不足，缺乏股权激励。

股权分置下的中国上市公司激励机制存在下列问题：（1）货币激励无效，经理通过其他方式获得隐性收入高；（2）控制权激励取代货币激

励，加剧内部人控制问题；（3）股权激励比例过低不能发挥作用，比例高就会导致代理成本过高，同时会产生内部人控制现象，股票期权也是给非流通股期权，不能享受企业成长的财富效应，起不到应有的激励作用。

中国上市公司约束机制也存在很多问题：（1）没有健全的外部市场（控制权市场、经理人市场）约束，无法给现有管理者带来潜在压力；（2）法律法规不健全，对隐性的职务不道德和侵犯股东、债权人利益的行为没有惩戒处罚措施；（3）内部制衡不足，监督不到位，导致内部人控制，或管理者与大股东合谋。

（五）外部监督缺失，立法不健全，政府身份不明确

中国资本市场缺乏保护投资者的相关法律法规，中小股东参与公司治理、集体诉讼、向董事索赔等方面的法律制度缺乏，导致中小股东利益被严重侵害。《破产法》等法律法规操作性不强，债权人在公司资不抵债时申请债务人破产难，面临重重障碍；在真正进入破产程序后，也多由政府主导，难以实现财务控股权向债权人的转移，难以保证自身利益。财务信息披露制度不健全，缺乏具体的处罚措施。

政府一方面是国有企业的所有者，另一方面又是监督管理者，管理的权威性和公正性遭到质疑。作为中国上市公司最大的所有者，政府的利益占有最大的份额，许多控股股东其实就是政府的代理人，要制定政策限制自己的利益，政策的力度和执行的力度都会大大减弱。

由于自身身份的不明确，政府在很多方面的立法缺失，且执行不严，导致上市公司的外部治理机制不完善。

（六）外部控制权市场不发达，市场约束机制难以发挥作用

在股权分置状态下，由于占绝对控股的股份不流通且多为国有股，大股东的地位很难动摇，而经理一般代表大股东的利益，除非大股东不满意现任经理，否则，很难发挥控制权市场这一外部约束机制的作用，更换不称职的经理。

同时，中国的资本市场缺乏效率，股价并不能反映真实的企业价值，所以，并购重组缺乏公平的定价标准。资本市场不发达，少量的流通股股票使得想通过收购兼并取得控制权异常困难；严格的收购规定和复杂的公告程序，也大大拉长了收购的时间，使得收购成本畸高。所以，股权分置状态下，很少有通过收购股票获得上市公司控制权成功的案例。而大部分成功的并购重组案例多为政府行政手段促成，其中并购重组随意定价，缺

乏标准，导致大量的国有资产流失。

由于股权分裂，收购公司获得被收购公司的控制权，即使经营业绩和竞争力都大幅提高，收购公司也无法获得股价上涨的好处。收购公司通过注入资产再融资，取得资金控制权，挪用或占用被收购企业的资金，甚至操纵股价，获得收益。所以，股权分置下的并购重组带有投机性，而非投资性，目的是为掏空上市公司，而非注重上市公司的长远发展。

（七）经理人市场不健全，评价标准不完善，对经理人的外部激励约束难以实现

中国还没有成熟的职业经理人市场。大部分上市公司的经理都是由政府或主管部门任命，很少有经理是由市场竞争机制选择的。相应的经理的替换选择也主要是行政长官的意志，而非市场行为，经理人市场很难形成，更无法对经理产生激励约束作用。

以行政手段选择经理的标准并不符合企业经营管理的需要，上市公司的经理缺乏相应的职业经理人应具备的素质和能力。经理追求的目标在于职位的升迁，而非企业价值或经济收益，这样的代理人难以承担代理责任，通过激励约束也难以使代理人与委托人的利益一致。

经理人市场失灵对经理的行为产生重大影响，进而影响上市公司的财务行为。由于股权分置，资本市场不完全有效，由于股价容易被操纵，企业价值并不是一个真实可度量的指标，所以，股价难以评估体现经理人价值。现实中，普遍认为企业规模增长和企业利润增加表现了经理人的能力，并以此决定经理的价值。在不完善的评价标准下，经理通过报表式的并购重组、盲目多元化、内幕交易、粉饰报表、虚增利润等多种方式迅速"扩大"公司规模，"提高"企业利润，为实现自身利益，不惜损害股东利益。

三　财务治理效率问题

（一）委托代理链条长，交易成本高，代理收益低

从全民所有到国有再到出资人再到管理者，出资人内部还存在着委托代理关系，每一层委托代理关系中，都需要花费一定的交易成本，协调委托人与代理人之间的利益，上市公司的整个代理链条过长，导致代理成本的总和非常大。

代理关系非市场化引起代理收益的层层递减。一方面代理成本增

加，另一方面代理收益下降，整个委托代理链条的代理成本可能会超过代理收益，最终导致委托代理低效率或无效率，影响上市公司的财务治理效率。

（二）风险收益不对称，影响企业的投资效率

股权分置使得股东之间的收益与风险不对称。流通股股东承担的风险远远大于其收益，而非流通股股东获得的收益远远超过其风险，流通股股东的剩余风险与非流通股股东的剩余收益处在一种市场风险"对冲"状态。股权分置制约了市场的平衡机制自动发挥作用，固化了这种不对称的收益风险分配。

在这种情况，非流通股股东只考虑收益，不顾及风险，滥用上市公司资源，为自己谋取私利，降低上市公司的投资效率，最终影响上市公司的财务治理效率。

（三）剩余控制权与剩余索取权不匹配，降低财务治理效率

从产权的观点来看，剩余索取权一旦与剩余控制权分离，就会造成"套牢"问题，导致公司控制权市场的无效率。只拥有剩余索取权，没有相应剩余控制权的人（这里的人包括法人、自然人）将不能保证自己的剩余索取权的实现。而那些没有剩余索取权，但有剩余控制权的人，却可以利用财务控制权，以各种方式转移上市公司的利润和资金，最终获得剩余索取权，侵害其他人的剩余索取权。

在股权分置状态下，中国上市公司的剩余控制权与剩余索取权不匹配，导致出现各种治理问题，利益相关者的权益无法实现，上市公司的利益被损害，财务治理效率低下。

（四）实际控制人与名义控制人不一致，内部人控制严重，逆向选择和道德风险严重影响治理效率

大部分中国上市公司都是国有控股，国有股东（包括国有股和国有法人股）成为上市公司的名义控制人。而国有企业自身存在的问题导致委托代理链条过长，缺乏明确的股东，而最终代理人无法保证最初委托人的利益，导致"所有者缺位"。在其他股东难以取得控制权的情况下，管理层获得企业的财务控制权，成为实际控制人。

由于实际控制人与名义控制人不一致，两者的利益目标必然存在矛盾。在信息不对称的情况下，逆向选择和道德风险严重。公司内外缺乏对经理的监督约束机制，导致内部人控制问题严重，影响上市公司的治理

效率。

（五）考核指标单一，不能与企业风险相结合，只看短期业绩，忽视长期发展

目前，无论是对董事，还是对经理，制定的考核机制不完善，考核指标单一。如每股收益、净资产收益率等指标，只反映了企业的当期收益，并不能反映企业的长期可持续发展，同时还忽视了为获得这些收益所承担的风险。

在这些短期考核标准的激励下，董事、经理层为获得较高的信誉评价和丰厚的奖励报酬，其经营管理也趋于短期化，只要当期能获得好的收益，不惜冒巨大的风险，透支企业的未来发展能力。从公司财务治理的角度来看，这也属于低效率的"自杀式行为"。

（六）财务治理收益低，或者为个别股东独吞

长期以来，中国上市公司都实行以高能耗高投入带来高增长的粗放式发展路径，忽视企业财务治理带来的治理收益。而制度设计的缺陷更是限制了财务治理作用的发挥。控股股东首先通过过度融资，在公司中留存大量闲置资金；然后通过各种"隧道"行为，转移上市公司的资金，转嫁风险，独吞上市公司的经营收益和治理收益，侵害上市公司其他利益相关者的利益，更是降低了公司财务治理的效率。

（七）信息披露不及时，带有倾向性，甚至造假，加剧了信息不对称，使得公司财务治理效率低下

由于上市公司的代理链条过长，每经过一次委托代理，初始投资者对终极管理者的监督约束力度就削弱一次，同时监督的成本也更高，而信息也越发容易失真。无论是在上市和再融资过程中，还是在并购重组和关联交易中，中国上市公司的信息披露存在很多问题，信息披露不及时、不完全，或带有倾向性。

而更严重的是各种方式的财务信息造假，虚增利润、粉饰报表，制造并购重组概念，内幕交易，操纵股价。这些使得处于信息劣势的外部利益相关者，无法作出正确的判断，行使相应的控制权，获得相应的收益从而误导投资者，降低了利益相关者治理的效率。

第二节　股权分置改革后上市公司财务治理的变化

由于股权分置改革，上市公司财务治理的内外部环境会随之发生变

化，若财务治理的制度安排一成不变，则以前适合的财务治理结构会因此变得不适合；以前高效的财务治理机制也会因此变得低效率或无效。适应环境发展的财务动态治理需要不断调整、不断修正。由于路径依赖的存在，财务治理的动态调整过程又具有状态依存性。所以，这里分析股权分置改革对上市公司财务治理的影响，提出经验假设，并在以后章节中进行验证。

现实中，股权分置改革的各项政策措施主要影响上市公司股权结构、融资方式、股利政策、并购重组和激励约束等财务活动。所以，本研究主要研究了在这些财务活动中不同的财务治理行为表现出公司财务治理的变化（见图4-1）。

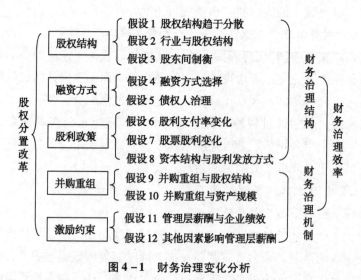

图4-1　财务治理变化分析

一　对公司股权结构的影响

股权结构是公司财务治理的基础，对财务治理结构中的财权配置、监督约束机制及效率有重要的影响。股权分置改革的直接目的就是去除非流通股与流通股的界限，通过影响上市公司的股权结构，进而影响其财务治理。但从股权分置改革的实施过程和步骤来看，非流通股要真正成为自由上市流通交易的流通股，还有一个时间的过程。股权分置改革后取得流通权的非流通股暂时还不能上市交易，成为限售股。原持非流通股股比在5%以下的股东所持限售股可以在1年后解除限售，而原持非流通股股比超过10%的大股东所持限售股需要至少3年时间才能逐步解除限售。在股权分置改革方案实施后，短期内上市公司真正可以在公开市场自由交易的股票比例不会有多大变化，股权结构亦不会有太大变化。

但当限售股全流通后，所有股东可以在股票市场上自由买卖，股票价格的波动加大了持股的风险，大股东可能会卖出部分股票，降低自身风险。另外，有些上市公司在前期已被大股东通过各种手段掏空，公司表面风光，实则危机重重，限售股一旦取消限售，前期获利丰厚的大股东会立即丢掉这"烫手的山芋"，清空手中筹码，而极低的持股成本和信息优势使之成为大股东的又一次"欢宴"。所以，前期积压的筹码集中释放，一方面影响了股指；另一方面，也使得公司股权结构趋于分散。

基于以上分析，将股权分置改革的影响分为股权分置改革方案实施和限售股流通两个阶段，提出股权分置改革对上市公司股权结构影响的假设1。

假设1：股权分置改革方案实施后，上市公司的股权结构不会有太大变化；限售股全流通后，上市公司的股权结构趋于分散。

国有企业改革中，国家实施的多项改革措施，进一步增强了行业对股权结构的影响。"抓大放小"，重点控制大型国有企业，对小型国有企业放开引入多种资本。对于竞争性较强的行业，国家也会进一步放开，建立起完全竞争的市场。

中国上市公司的股权结构主要是由制度变迁形成的，并不是市场自然演变形成的，股权结构因行业的不同发生变化。国家对不同行业的政策会影响国家股在不同行业的分布。为了保证国民经济的安全，对于能源、原材料、基础设施等限制竞争的行业，国家依然会控股，所以，行业内企业的股权结构变化不大。

对于商业流通、信息技术等竞争性行业，曾经控股的国家股的比重会逐渐降低。而竞争性行业自身存在的风险，使得机构和其他投资者不会有很高的持股比例。由于股权分置改革使得上市公司的股票全流通，股票交易更快捷方便，参与者也更多。这都无疑会促使竞争性行业的股权结构趋于分散。

根据对行业特性和国家行业政策的分析，提出假设2。

假设2：对于竞争性行业，股权分置改革后股权结构会趋于分散；而对于限制竞争行业，股权分置改革后股权结构不会有太大变化。

股权分置改革使得公司股权结构趋于分散，控股股东可以以更低的持股比例控制公司；但其他股东也更容易通过公开的市场获得筹码，几位股东联合起来便足以与控股股东抗衡。上市公司的交叉持股使得公司股东可以通过直接持股或间接持股的方式实现对公司的实际控制，股东间的制衡机制得到加强。

同时，随着大股东减持，机构持股呈增加的态势，也会增加股东间的制衡。机构在上市公司财务治理中可以发挥积极的作用。首先，机构拥有知识和信息的优势，有专业的团队广泛收集各方信息，在选择持股之前，已经对公司进行了深入的分析，并对未来发展前景作出预测，持股就表明对公司的肯定；其次，机构具有资金的优势，机构拥有的大量资金用于投资，其实力可以使持股比例达到在公司中举足轻重的程度；最后，机构具有获利的优势，为了自身利益最大化和风险最小化，机构多进行长期投资，非常关心公司的经营和治理。所以，几个方面分析发现机构成为与控股股东制衡的重要力量，有动机也有条件参与上市公司的财务治理。当然，也不排除机构与控股股东合谋获利，损害中小股东利益。

中国股市诞生的原因决定了早先的上市公司多以国有公司为主，国有股具有绝对控股优势，第一大股东持股的比例远远超过其他股东持股之和，即所谓的"一股独大"。随着国有企业改革的不断深入，国家对国有企业放开引入多种资本，将逐步改变上市公司"一股独大"的现象。国家对国企"抓大放小"的改革措施，也促使许多小国有企业由国有控股变为非国有控股。同时，国家也需要通过出售部分国有股获得资金充实巨大的社会保障资金缺口。

通过上述分析，就股权分置改革对股东制衡和控股股东的影响提出假设3。

假设3：股票全流通后，不同股东间的制衡机制增强，更多的公司由国有控股转变为非国有控股，"一股独大"的现象得到改善。

二　对公司融资方式的影响

股票市场所具有的一个重要功能就是融资。无论是首次公开募股（Initial Public Offerings，IPO）、配股、增发和发行可转换债券都是为了满足上市公司的资金需求。股权分置改革前，控股股东的利益目标在于净资产的增加，而IPO溢价上市和高价位再融资则是实现净资产增加最有效的途径，所以，中国的上市公司一反常理，偏好股权融资。

股权分置改革实施后，高溢价融资获利的渠道消失，控股股东随之也失去了增发股票的动力。对上市公司来说，一般股权融资成本要高于债务融资、程序复杂时间长，不能及时保障公司的资金需要；而对高风险的项目使用负债融资，还可以起到转嫁风险的作用。根据优序融资理论，上市公司会倾向于采用成本更低的负债融资。

通常情况下债务融资的成本要小于股权融资成本。但资产负债率高的公司由于风险高、偿债能力弱，若要通过负债融资，债权人会要求更高的利息率作为风险回报，同时，也会提出更苛刻的限制性条件。这都会增加公司的债务融资成本，进而提高企业的综合资本成本。出于对过度负债高成本的考虑，高负债的公司会倾向于采用权益融资。

许多上市公司资本负债率较高，通过增加所有者权益降低资产负债率，能够有效地降低财务风险。增加所有者权益主要有两种途径：一个是内部融资，通过改善生产经营，努力提高企业盈利水平，增加留存收益；二是外部融资，通过增发或配股募集资金，增加股本和资本公积。外部融资较内部融资而言，是更快捷、有效的渠道。

基于以上对上市公司不同融资方式的分析，提出假设4。

假设4：股权分置改革方案实施后，公司更倾向于采用负债融资，降低融资成本；但对于高负债的公司依然会采用股权融资来改变资本结构。

股权分置改革前，大股东通过"过度融资"在企业中留存更多的闲置资金，以便通过资金"隧道"获取更大的收益。这些闲置资金一方面降低了企业的收益；另一方面也形成了公司的潜在风险，对债权人的利益造成损害。

众所周知，资产的流动性与收益性是相对称的，其中现金的流动性最高，收益最小。公司过度融资导致所融资金量超过所需资金量，这部分闲置资金若不能被用于投资是不能带来收益的，形成资金的浪费，这无形中增加了机会成本；而与此同时，无论是通过股权还是通过负债融资，都需要承担资本成本，没有收益的闲置资金同样也存在资本成本，这部分多余的成本会降低企业的收益。

上市公司中存在大量的闲置资金，这无疑给大股东通过各种渠道转移企业资金提供了机会，进而通过更多的手段控制公司。过度融资、随意变更资金投向等现象都反映了大股东忽视其他股东和债权人的利益，后者既无决策权，也无知情权，只是事后被通知而已。前期通过粉饰项目报告和企业报表取得债权人的认可，一旦资金投入进来以后，债权人的权益就不被考虑了，而债权人自身也无法保证自己的利益。资金使用效率低下、企业收益下降都会降低企业的偿债能力，直接损害债权人的权益。

另外，作为上市公司主要债权人的国有银行，自身也面临市场化改革的种种问题。所有者缺位和激励约束等诸多治理问题，使得很多国有银行并没有努力去保护自己的权益，积极地参与到债务人的公司治理中去。

股权分置改革方案实施中，限期要求上市公司清理大股东资金占用，在规范公司治理的同时，保护了债权人利益。股权分置改革实施后，随着公司财务治理的改善，公司的基本生存能力之一——偿债能力也会大大加强，进一步保障了债权人利益。

通过以上对债权人和债务人的分析提出假设5。

假设5：股权分置改革方案实施后，对债权人利益的保护会加强，公司的偿债能力也会提高。

三 对公司股利政策的影响

在股权分置这种状况下，上市公司较少发放现金股利，主要是因为具有控制权的非流通股股东不能获得由于发放现金股利带来的股价上涨的利益。同时，发放现金股利需要动用大量现金，减少了公司的可支配现金，减少了大股东通过资金隧道或其他方式侵占的上市公司资金量，所以，具有"掏空"动机的控股股东大多不愿意发放现金股利。

现实当中，中小投资者处于信息弱势，一般会将公司股利发放视为反映公司状况的信号。当公司发放高额股利时，中小投资者就认为公司的经营状况和财务状况都不错，积极投资，推高股价；而当公司不发放股利或发放的股利较低时，多数中小投资者就认为公司出现问题或者状况不佳，纷纷撤退，导致股价下跌。这种情况在每年公司公布年报和分红方案时表现得尤为明显。

通常情况下，公司股利政策的决定权掌握在控股股东手中，而控股股东往往会根据自己的利益需要制定股利政策。在股权分置改革方案实施限售阶段，许多控股股东会逐步减持手中所持股票，为了达到高价减持的目的，采取发放高额股利的方式推高股价。

当限售股全部流通后，股权分置改革的效应充分释放，资本市场趋于成熟，上市公司的财务治理也会逐渐改善，股利政策趋于平稳，避免股价的大起大落。

由于不同股权集中下财权配置的不同，导致股权集中度影响股利政策。股权集中度高的公司，主要财权都集中于控股股东及其代理人手中，出于企业长远发展、合理避税或其他的考虑，多不愿发放高额股利。而在股权分散的公司，中小股东具有较多的发言权，他们希望通过发放股利来实现自己的投资收益，自然使得公司的分红倾向较高。

通过上述对控股股东和中小投资者的行为特征分析，提出假设6。

假设6：股权分置改革方案实施后，股利支付率会在短时间内大幅增加；限售股全流通后，股利支付率趋于平稳；股权集中度低的公司分红倾向要高于股权集中度高的公司。

上市公司发放股票股利较之于发放现金股利有如下好处：一是可以节约公司现金，既可以回报投资者又不用流出现金；二是传递公司在可持续发展中的信号，用留存收益或资本公积转增股本，多为发展中公司的行为；三是低成本扩大股本，证监会对增发股票有严格的要求和烦琐的程序，而股票股利则可以避免这些实现低成本扩张。对于投资者而言发放股票股利也有避税和获利的好处：现金股利需要纳税，而股票股利则无须纳税；在分配后股价填权的过程中，可能会获得更高的资本利得。发放现金股利是短期利益，而发放股票股利是长期利益，对于股东来说，相当于追加股本。

在股权分置改革之前，由于高额溢价增发带来的丰厚回报远远超过发放股票股利带来的好处，所以掌握决定权的控股股东千方百计申请获得增发，发放股票股利的意愿较低。股权分置改革方案实施后，控股股东失去高额溢价增发的获利渠道，退而求其次，希望通过股票股利获得股本扩张和股价上涨的好处。股票全流通后，控股股东出于控制权稀释的考虑，对股票股利的发放会比较谨慎。

对国外上市公司的分析发现，全流通的资本市场中许多公司都遵循的是稳定的分红政策，在回报投资者的同时稳定股价，使投资者对未来建立合理的预期，有利于树立良好的公司形象。

通过对股票股利优势的分析，提出假设7。

假设7：股权分置改革方案实施后，上市公司大幅增加股票股利；限售股全流通后，股票股利趋于平稳，且与公司经营业绩和成长性密切相关。

中国的上市公司常用的股利分配方式有现金股利和股票股利,但大部分上市公司发放股票股利的倾向高于现金股利。除了上述发放股票股利的好处之外,还与公司的资本结构密切相关。

资产负债率高的公司由于负债所占比重较大,每期需偿还较多的利息,相应的现金流出也较多,使得企业资金紧张,自然不愿意发放现金股利;而较高的财务杠杆也会导致较高的财务风险,为了降低风险,发放股票股利增加股东权益比重不失为一个好办法;资产负债率高的公司,债权人在公司财务治理中拥有更大的权利,为了避免降低公司的偿债能力,会用股票股利来代替现金股利。

如若公司的资产负债率不高,公司的大部分资金需要可以通过留存收益满足,通常情况下这类公司的现金流状况较好,但同时也会发生现金闲置,总体来说资金的使用效率不高,这会影响公司的收益。闲置的资金发放给股东,回报股东的同时也减少了股东权益,从而降低企业综合资金成本,提高资金使用效率和收益率。这类公司无须通过发放股票股利扩大规模,以发放现金股利的方式回报股东,向投资者传递公司经营状况和财务状况良好的信息,在股票市场形成良好的预期,以提高股价。

所以,据以上分析顺理成章地提出假设8。

假设8:资产负债率高的公司更倾向于发放股票股利;反之,则倾向于发放现金股利。

四 对公司并购与重组的影响

成熟的股票市场可以通过一级市场和二级市场的定价发现股票的价格,进一步发现企业的价值,这就是所谓的"价格发现机制"。

股权分置改革前,流通股与非流通股分置;发行价格差异极大,导致一级市场的价格发现机制失灵;大量的非流通股不能上市流通,少量的流通股价格远远高于其价值,二级市场的价格机制也被扭曲。股票市场的价格发现机制失灵导致上市公司的并购缺乏公平合理的价格基础,而并购重组发生的主要市场——非流通股转让市场也是一个参与者有限的协议定价市场,这无法形成具有有效约束机制的控制权市场,阻碍了并购重组的发生。

股权分置改革方案实施和限售股流通都会带来巨大的政策效应。人们期望通过股权分置改革可以使得股票市场规范有效,而上市公司的经营治理亦可以变得规范理性。得益于对股权分置改革的预期，股权分置改革后并购重组在数量上和金额上都会有大幅的增加，产生"井喷"的效应。

股权分置改革前的并购重组投机性很强。一方面，由于国家对上市资格实行分配制，使得许多质量不高的公司得以包装上市，浪费大量资源。这类公司容易被并购，并不是因为本身具有什么投资价值，主要是为了获得由制度所造成的"壳资源"，也就是上市的权利，这使得并购重组具有政策上的投机性。另一方面，对于被并购重组的公司，即使经营业绩有所改善，收购公司持有的非流通股也很难通过股价上涨实现其投资收益。所以，并购公司转而通过掏空上市公司获得并购重组收益，这使得并购重组具有收益上的投机性。

股权分置改革后，并购公司的利益与股价密切相连，而先前使用的种种投机手段都会导致股价的剧烈波动，不利于上市公司和并购公司的利益。所以，股权分置改革后的并购重组由先前的投机性转变为战略性。公司并购重组后，通过改善被并购公司的业绩和成长以提升股价，实现自身长远稳定的收益。

并购重组的发生与被并购公司的股权结构有密切关系。股权结构集中的公司，由于控股股东手中拥有大量的筹码，除非取得控股股东的支持，否则，收购公司很难通过并购重组取得被并购公司的控制权，甚至在并购重组中还有可能遭到种种反收购对策。即使这样也能敌意收购成功，但其所付出的巨大代价使得并购重组可能无利可图；更不用说并购重组后，可能面临的重组整合的风险。所以说股权集中度高的上市公司不易发生并购重组。

基于以上股权分置改革对于上市公司并购重组影响的分析，提出假设9。

假设9：股权分置改革方案实施后和限售股流通后，公司的并购与重组都会大幅增加；股权结构集中的上市公司不易发生并购重组。

随着现代市场经济的快速发展，上市公司为了获得规模效应，不断地扩张规模。并购重组是迅速扩张公司规模的一个有效途径。公司并购重组的发生与企业的资产规模密切相关。资产规模大的公司由于本身已经具有一定的规模优势，其更宏大的战略目标会使得公司有进一步扩张的需求，而雄厚的资金实力和经济地位又可以保证并购重组的发生，所以，大公司像"滚雪球"一样地通过不断兼并收购扩张发展。

对于资产规模小的公司，若想要扩张发展，凭借自身的实力较难，若是成为某个实力强大的大集团或公司的子公司，就可以凭借大集团或大公司的实力实现自己的跨越式发展。同时，大企业集团也可以借此实现自己的利益目标，达到互利双赢的局面。所以，小公司多成为收购兼并的目标。

基于对不同规模公司在并购中的行为分析提出假设10。

假设10：资产规模大的公司发生并购重组，容易成为收购公司；资产规模小的公司发生并购重组，容易成为被收购公司。

五　对公司激励与约束机制的影响

在企业中发挥重要作用的内部机制有：董事会的监督作用、高层经理之间的相互监督、大股东的监督。股权结构发生变化，对股东和企业相关管理人员产生的激励和约束也会发生变化。

股权分置改革后，股权除了在流通性上发生了变化，股权性质也会逐步发生变化，国有资产管理公司的发展使得国有股会慢慢演变为国有法人股。国有股和国有法人股的最终所有人是一致的——全体人民，但国有法人股是国有企业再投资形成的，具有明确的投资目的，追逐经营利润。所以，公司对管理层的激励会更加理性，管理层薪酬与企业绩效和发展的关联性加强。

股权分置改革前，大部分上市公司都是国有控股，由于害怕控制权的稀释和国有资产的流失，国家吝于对管理层给予股权激励。名义上的上市公司管理者，实为政府官员，其目标也不是报酬，更多的是希望能得到职位的升迁。此时，股权激励没有也不会成为激励管理层的重要因素。

股权分置改革后，随着市场有效性的提高，公司的价值会反映在股价上，影响大股东的收益。为了实现自身的利益，大股东会比以前更有动力激励管理层努力经营，给予现金或股票的奖励。现金奖励可以在短期内促使管理层尽职尽责，但若是频繁地使用薪金奖励，现金奖励的激励作用就会减弱，转化为保健因素；工资刚性则进一步强化它的保健作用，一旦业绩下滑，降低或取消现金奖励，就会招致管理层的不满。使用一定的股权激励则可以避免以上情况，长期激励管理层，把奖励与反映企业业绩的股价联系在一起，促使管理层为企业的长远发展努力。

随着职业经理人市场的建立完善，有更多具有专业水平的职业经理人可以担任公司的管理者。市场化定位决定了职业经理人会追求自身价值最大化，发挥才能经营管理公司，提高企业绩效和发展，获得相应体现自身价值的报酬。

通过对上市公司股东、管理层的分析，提出假设11。

假设11：股权分置改革后，管理层的薪酬与企业的绩效和发展密切相关；管理层薪酬的结构也会有所变化，股权激励的比重会加大，现金报酬所占的比重会降低。

股权和债务不仅是两种不同的融资方式，还是两种不同的治理方式，而资本结构体现企业的财务治理结构。不同的财务治理结构下，财权配置的差异导致对管理层实施不同的激励约束机制，影响管理层的薪酬。当负债比率较高时，债权人为了降低借出资金的风险，会在借款合同中列出许多限制性条款，其中包括对高管的薪酬和职务消费等的限制。

独立董事制度对于完善公司财务治理和绩效的提高具有重要的作用。独立董事通过影响董事会的决策，在公司内部形成对大股东和经理层的监督作用，及时制止他们的违法违规行为，客观评价经理层的业绩并实施奖励或惩罚。独立董事的数量和质量都会影响董事会的独立性和公正性，导致对管理层实施不同的激励约束措施，影响公司的财务治理机制。

公司的规模也会影响管理层的报酬，主要是由于大家普遍认为管理一个大型的公司所需具备的能力和耗费的精力都要更多，所以，从人力资本的角度，管理者相应要获得更高的报酬。同时，规模大的企业所获的利润总额也会多一些，有足够的实力支付管理者更高的薪酬。

不同的行业由于股权集中度、资本结构等的差异，对管理层也会有不同的激励措施，影响管理层的报酬。控股股东的性质也是影响对管理层实施激励的重要因素，国有股东与非国有股东由于利益目标不同，会对管理层实行不同的激励方式。而行业投资回报的差异也是影响管理层报酬的一个主要原因。上市公司所处地区也会影响管理层报酬。这除了与不同地区的思想观念有关外，更多的还是由当地的人力资本成本决定。

通过对诸多影响管理层报酬的因素进行分析，提出假设12。

假设12：股权结构、资本结构、独立董事人数会影响管理层的报酬；同时管理层的报酬还与控股股东性质、公司的规模、所处的行业、地区密切相关。

第三节　本章小结

本章分两部分来探讨中国上市公司的财务治理：一部分探讨股权分置改革前上市公司财务治理存在的问题；另一部分探讨股权分置改革后公司财务治理发生的变化。

股权分置改革使中国上市公司的内外部环境都发生了很多变化。为了深入研究股权分置改革对中国上市公司财务治理的影响，在本章第一部分分析了股权分置改革前中国上市公司财务治理的现状。本研究主要从财务治理结构、财务治理机制和财务治理效率三个方面分析股权分置时期存在的问题。

股权分置制度下，上市公司的财务治理结构极为不合理。权力配置过于集中，控股股东侵害小股东利益；权利配置不对称，"内部人控制"严重，管理层侵害股东利益；资本结构不合理，债权人治理缺失；其他利益相关者并没有参与治理。

股权分置制度下，上市公司的财务治理机制不完善。激励机制存在下列问题：激励结构不合理，以货币激励取代股票期权激励；由于预期目标不一致，货币激励无效；控制权激励取代货币激励，加剧内部人控制；股票期权激励比例低且不能流通，所以无效。而约束机制也存在很多问题：缺乏健全的外部市场（控制权市场、经理人市场）约束，无法为现有管理者带来潜在压力；法律法规不健全，对隐性的职务不道德和侵犯股东、债权人利益行为没有惩戒处罚措施；内部制衡不足，监督不到位。

股权分置制度下，上市公司的财务治理效率低下。委托代理链条长，交易成本高昂；风险收益不匹配，导致投资效率低；剩余控制权与剩余收益权不对称，导致财务治理效率低；考核指标单一，导致治理收益偏重短期忽视长期；实际控制人（控股股东或管理层）为私利侵害公司利益，降低财务治理效率；信息披露不及时、带有倾向性，甚至造假，加剧了信息不对称，使得公司财务治理效率低下。

由于股权分置使得中国上市公司财务治理存在诸多问题，而股权分置改革就是要改变股权分置的状态，股权分置改革的实施和推进必定会导致上市公司财务治理发生变化。沿着股权分置改革影响上市公司财务治理的路径，深入剖析股权分置改革对上市公司财务治理的影响，从股权结构、融资、鼓励政策、并购重组和激励约束等财务活动中所表现出的公司财务治理的变化出发，提出 12 个经验假设，为后来的实证分析奠定理论基础。

假设 1：股权分置改革方案实施后，上市公司的股权结构不会有太大变化；限售股全流通后，上市公司的股权结构趋于分散。

假设 2：对于竞争性行业，股权分置改革后股权结构会趋于分散；而对于限制竞争行业，股权分置改革后股权结构不会有太大变化。

假设 3：股票全流通后，不同股东间的制衡机制增强，更多的公司由国有控股转变为非国有控股，"一股独大"的现象得到改善。

假设 4：股权分置改革方案实施后，公司更倾向于采用负债融资，降低融资成本；但对于高负债的公司依然会采用股权融资来改变资本结构。

假设 5：股权分置改革方案实施后，对债权人利益的保护会加强，公司的偿债能力也会提高。

假设 6：股权分置改革方案实施后，股利支付率会在短时间内大幅增加；限售股全流通后，股利支付率趋于平稳；股权集中度低的公司分红倾向要高于股权集中度高的公司。

假设 7：股权分置改革方案实施后，上市公司大幅增加股票股利；限售股全流通后，股票股利趋于平稳，且与公司经营业绩和成长性密切相关。

假设 8：资产负债率高的公司更倾向于发放股票股利；反之，则倾向于发放现金股利。

假设 9：股权分置改革方案实施后和限售股流通后，公司的并购与重组都会大幅增加；股权结构集中的上市公司不易发生并购重组。

假设 10：资产规模大的公司发生并购重组，容易成为收购公司；资产规模小的公司发生并购重组，容易成为被收购公司。

假设 11：股权分置改革后，管理层的薪酬与企业的绩效和发展密切相关；管理层薪酬的结构也会有所变化，股权激励的比重会加大，现金报酬所占的比重会降低。

假设 12：股权结构、资本结构、独立董事人数会影响管理层的报酬；同时管理层的报酬还与控股股东性质、公司的规模、所处的行业、地区密切相关。

第五章

上市公司财务治理股权分置改革政策效应分析

股权分置改革是中国资本市场的一次重大制度变迁，它对中国资本市场和上市公司的影响深远。通过几年的实施，股权分置改革政策的效应逐步释放，上市公司的财务治理发生了根本性的变化。为了衡量股权分置改革对上市公司财务治理的影响，本章将在第四章理论分析的基础上，使用多元回归法进行定量的分析，验证前面提出的关于上市公司财务治理变化的假设。

第一节　建立公司财务治理多元回归模型

股权分置改革对上市公司的影响是多方面的，选择具有代表性的样本，建立多元回归模型，分析股权分置改革对上市公司财务治理的影响。

一　财务治理样本选择

由于要研究上市公司财务治理在股权分置改革前后的变化，就要有股权分置改革前和股权分置改革后的数据。同时，样本公司还必须具有一定的可比性，这都对样本的选择提出了要求。所以，本研究首先设定了6条选样的原则，在此基础上选择了70家上市公司从2004年至2009年的数据资料。

（一）选样原则

为了保证样本具有代表性，样本间具有可比性，本研究选择截至2008年底已实现全流通的A股上市公司作为样本，其中剔除股权分置改革前的4家"三无"公司，4家ST公司，3家2005年上市的公司，7家2006年股权分置改革的公司，剩余70个样本，其中沪市47个，深市23个。本研究的选样遵循了如下原则：

原则一，选择截至 2008 年底已实现全流通的上市公司，主要是为了全面考察股权分置改革政策的效应，一个是股权分置改革方案的通过实施对公司财务治理的影响，另一个是股票的全部上市流通对公司财务治理的影响。

原则二，剔除了有 B 股、H 股、N 股的公司，主要是为了避免其他股票市场对公司财务治理的影响，从而能够单独地考虑分析中国资本市场上股权分置改革对 A 股市场上市公司财务治理的影响。

原则三，剔除"三无"公司，主要是因为这类公司在上市之初就只有流通股，不存在非流通股，所以，它们不是股权分置改革的主要目标。由于股权结构的根本差异，这类企业的公司治理与其他企业有本质的不同，股权分置改革对其影响更多的是来自外部治理环境，而非内部治理环境。

原则四，剔除 ST 公司，主要是因为这类公司已经处于亏损的非正常状态，其财务治理已经存在很多问题，内部环境严重恶化。股权分置改革的各项措施并不能根本改变这类公司的经营状况，所以，对于公司财务治理的影响有限。

原则五，剔除 2005 年上市的公司，也是出于公开股票市场对公司财务治理的考虑。公司股票未公开上市时，公司的所有股票都是非流通股，受公开股票市场的影响小，也不存在股权的分置割裂问题，即使上市后存在股权分置，也会很快随着股权分置改革的推进得以解决，其财务治理问题不像早先上市的公司那样根深蒂固。所以，股权分置改革对公司财务治理的影响有限。同时，由于这类公司上市前——也就是 2005 年之前的生产经营治理等资料难以通过公开的渠道获得，数据取得困难，会导致计量分析数据的缺失。

原则六，剔除 2006 年股权分置改革的公司，是为了更好地区分不同阶段的影响。大部分 2008 年底实现全流通的公司，都在 2005 年实施了股权分置改革，2007 年非流通股开始上市流通，到 2008 年达到解禁的高峰。而 2006 年股权分置改革的公司，虽然在 2007 年非流通股还没有开始上市流通，但已经受到了其他众多股票解禁的影响，很难单独分析股权分置改革实施和全流通对公司财务治理的影响。

（二）数据的选择

本部分的数据资料来源于万得（Wind）资讯系统。对于已选定的 70 家上市公司，选取其 2004 年至 2009 年公司经营状况和财务治理的数据，研究股权分置改革对上市公司财务治理的影响。

根据前述对股权分置改革发展历程的回顾，选择了两个关键点，一个是股权分置改革的实施，亦即股权分置改革方案通过对价的支付；另一个是股票全流通，也就是非流通股集中解禁直至全流通。对于所选的样本，两个关键点的时间明确且集中，第一个关键点——股权分置改革实施都集中在 2005 年，第二个关键点——股票全流通都集中在 2008 年。

本研究通过对比关键点前后样本公司财务治理的变化，研究股权分置改革对公司财务治理的影响。对比 2005 年前后公司财务治理的变化，分析股权分置改革实施对公司财务治理的影响，故本研究选择 2004 年与 2006 年的相关数据进行对比分析。对比 2008 年前后公司财务治理的变化，分析股票全流通对公司财务治理的影响，故本研究选择 2007 年与 2009 年的相关数据进行对比分析。通过对 2004 年与 2009 年公司治理的相关数据的对比分析，就可以得到股权分置改革整个进程对公司财务治理的影响。

二　财务治理变量选取

分析股权分置改革对上市公司财务治理的影响，探讨股权分置改革发生前后上市公司股权结构、融资方式、股利政策、并购重组和激励约束等重要财务治理事项的变化。所以，因变量从企业绩效和成长方面选择了 6 个指标；自变量从股权结构、融资方式、股利政策、并购重组和激励约束五个方面选择了 17 个指标；对于影响所有公司财务治理的因素又选择 4 个作为控制变量；同时，针对相应的股权分置改革政策设置了 3 个政策变量（见表 5 - 1）。

表 5 - 1　　　　　　　　　　　　多元回归分析变量定义

符号	类别		名称	计量
ROA	因变量 Y	企业绩效 Y_1	总资产收益率 Y_{11}	当年净利润/年末总资产
ROE			净资产收益率 Y_{12}	当年净利润/年末净资产
AIR		企业成长 Y_2	总资产增长率 Y_{21}	期末总资产/期初总资产 - 1
RIR			主营业务收入增长率 Y_{22}	当期主营业务收入/上期主营业务收入 - 1
PIR			净利润增长率 Y_{23}	当期净利润/上期净利润 - 1
FCFPS			每股股东自由现金流量 Y_{24}	[税后利润 - （1 - 负债率）× 净投资]/总股本

续表

符号	类别	名称	计量
Fshare	股权结构 X_1	第一大股东持股比例 X_{11}	第一大股东持股比例
ER		股东制衡比 X_{12}	第一大股东持股比例/第二大股东至第十大股东持股比例之和
JP		机构持股比例 X_{13}	机构持股比例
LP		流通股比例 X_{14}	流通股股数/公司总股本
CF		控股股东性质 X_{15}	第一大股东的性质,国有为0,非国有为1
DTAR	资本结构 X_2	资产负债率 X_{21}	年末总负债/年末总资产
TIE		利息保障倍数 X_{22}	息税前利润/利息费用
CR		流动比率 X_{23}	年末流动资产/年末流动负债
DPR	股利分配 X_3	股利支付率 X_{31}	每股现金股利/每股收益
SDPS		每股股票股利 X_{32}	对每股股票发放的股票股利
NM	并购重组 X_4	并购数量 X_{41}	并购发生的数量
AM		并购金额 X_{42}	并购发生的金额
MS	激励约束 X_5	高管薪酬 X_{51}	前三位高管年均报酬
ES		董事薪酬 X_{52}	前三位董事年均报酬
IES		独立董事薪酬 X_{53}	前三位独立董事年均报酬
MP		高管持股 X_{54}	公司高管持股所占比例
NIE		独立董事人数 X_{55}	独立董事人数
Scale	控制变量 C	规模 C_1	公司期末总资产的自然对数
Industry		行业 C_2	公司所处行业,限制竞争行业为0,竞争性行业为1
Area		地区 C_3	公司所处地区,东部地区为1,中部地区为2,西部地区为3
Time		上市时间 C_4	以2005年为基准,衡量公司上市的年数
Policy1	政策变量 P	股权分置改革及全流通 P_1	衡量公司是否进行股权分置改革,且股票全流通,股权分置改革前为0,股权分置改革及全流通后为1
Policy2		股权分置改革实施 P_2	衡量公司是否进行股权分置改革,股权分置改革前为0,股权分置改革后为1
Policy		全流通 P_3	衡量公司股票是否全流通,全流通为0,未全流通为1

（一）因变量

因变量的选择主要考虑上市公司的长短期目标。对于公司的目标我们从企业绩效和企业成长两个方面来考核，企业绩效常用的指标有总资产收益率（ROA）、净资产收益率（ROE）；企业成长一般用总资产增长率、主营业务收入增长率、净利润增长率。充足的资金对于企业成长具有重要作用，尤其是对企业财务治理，影响企业的价值评估，所以，对于企业的成长还增加了每股股东自由现金流量指标。

1. 企业绩效指标

总资产收益率（ROA）指净利润与总资产的比率，主要用来衡量公司利用股东和债权人的资金投入形成资产赚取收益的能力。该指标是公司盈利能力的关键，越高表明公司的盈利能力越强。

净资产收益率（ROE）指净利润与股东权益的比率，主要是衡量公司利用股东资本赚取收益的能力。该指标从股东的角度反映公司的总体盈利能力，越高表明公司的总体盈利能力越强。

总资产收益率和净资产收益率都是反映企业绩效的重要指标。但两者角度和立场不同，总资产收益率是从整个企业的角度出发，同时考虑了股东和债权人；净资产收益率从股东的角度出发，认为股东是企业的所有者，企业的收益应由股东独享。为了全面反映股权分置改革对上市公司绩效的影响，把这两个指标都选作了因变量，从不同方面反映不同利益相关者的利益。

2. 企业成长指标

总资产增长率指年末总资产比年初总资产增长的比率，主要衡量公司规模扩张的能力。该指标反映公司的总体成长能力，越高表明公司综合成长能力越强。

主营业务收入增长率指当年主营业务收入比上年主营业务收入增长的比率，主要衡量公司的主营业务增长。该指标从公司主营业务的角度反映公司的成长能力，越高表明公司的成长能力越强。

净利润增长率指公司当年净利润比上年净利润增长的比率，主要衡量公司利润支撑公司发展的情况。该指标从公司盈利能力的角度反映公司的成长能力，越高表明公司的盈利支撑成长能力越强。

每股股东自由现金流量的指标是以属于股东净利润为基础扣除股东净投资，再平均到每股股票，得到的属于每股股东的现金流量。在利用模型估算企业价值时，股东自由现金流量是重要的因素，该指标越高会使得企业的价值越高。

在稳定状态下（稳定状态指资产的经营利润率、资本结构和股利分配政策不变，也即经营效率和财务政策不变），每股股东自由现金流量和销售收入的增长率相同。现实中，由于竞争均衡导致大部分企业只能获得平均利润率，新项目的回报率与资本成本接近，此时的销售成长并不能提高企业的价值，属无效增长。所以，在选择因变量时，除了选择代表企业成长的总资产增长率、主营业务收入增长率和净利润增长率等指标，还选择了影响企业价值的每股股东自由现金流量指标，以衡量股权分置改革对企业价值的影响。

（二）自变量

根据第四章股权分置改革对上市公司财务治理的影响路径，自变量的选择从五个方面来考虑：股权结构、资本结构、股利分配、并购重组和激励约束。

1. 股权结构

股权结构主要由第一大股东持股比例、股东制衡比、机构持股比例、流通股比例、控股股东性质五个指标来衡量。它们分别从不同的角度反映公司的股权结构及不同股东间的利益关系。

第 1 大股东持股比例指在上市公司所有的股东中，持股最多的股东持股所占的比重，不分流通股和非流通股。该指标反映了公司的股权集中度，同时也明确了在财权配置中具有绝对优势的控股股东。该指标越大表明公司的股权集中度越高，控股股东的控制能力越强。

股东制衡比是第一大股东持股比例与第二大股东至第十大股东持股比例之和相比，得到的比值。该指标主要衡量大股东之间的制衡程度，反映了不同股东间的利益关系。该指标越低，表明公司大股东之间的制衡程度越强，"一股独大"的情况越不明显。

机构持股比例主要指基金公司、私募等机构持股所占比重，反映了外部股东所拥有的控制能力及在财务治理中所处的地位。该指标越高，表明机构等外部股东拥有的控制力越强，从而在财务治理中发挥有益的作用。

流通股比例指上市公司在 A 股上市公开发行上市流通的股票，也即通常所说的公众股。该指标衡量上市公司股票的流通性，反映了上市公司受公开股票市场影响的程度。该指标越高，表明公司股票的流通性越强，公司财务治理受公开市场影响的程度越高。

控股股东性质主要指第一大股东的性质，即国有或非国有。选择该项指标主要是考虑到股东的性质不同，其目标、行为方式也不同，导致财务治理结构和机制的差异。通过设置这个虚变量，以衡量股权分置改革影响公司财务治理的主要因素——股权性质的程度。

2. 资本结构

股权和借债不仅是两种不同的融资方式，更是两种不同的治理结构。资本结构就是公司中股权和债权的比例，自然是公司治理结构的核心。本研究用资产负债率、利息保障倍数、流动比率三个指标来衡量资本结构，分别从长期和短期及企业的盈利能力保证等角度，反映不同资本结构下公司不同的财务治理结构，及对债权人利益的保障。

资产负债率是负债总额占资产总额的比重，即公司总资产中有多少是通过负债取得的。该指标反映了公司的财务治理结构，同时反映了公司的财务风险。该指标衡量公司的长期偿债能力，指标值越低，偿还债务越有保证；同时，也代表债权人在公司财务治理中的地位，指标值越高，相应的债权人越能更多地取得公司的控制权。

利息保障倍数是息税前利润与利息费用的比值，是衡量公司利润对债务利息的保障。该指标反映公司债务政策的风险，也可以反映公司的长期偿债能力。指标值越大，表明公司收益对债权人利益越有保障，风险也越低。

流动比率是全部流动资产与流动负债的比值，反映公司的短期偿债能力。该指标假设公司所有的流动资产用于偿还短期债务，指标值越大，反映公司资产的流动性越强，对债权人利益的短期保证能力越强，但同时公司的资产使用效率会降低。

3. 股利分配

公司的股利政策决定了股利分配，而公司的财务状况和发展目标会影响股利政策的制定，股利分配又会影响公司的投融资。本研究选择了股利支付率和每股股票股利两个指标来衡量公司股利分配的数量和结构，研究股利政策与财务治理的相互影响。

股利支付率是当期现金股利与当期收益的比值，衡量公司发放现金股利的力度。该指标反映公司对股东的近期回报，但同时反映了公司的融资政策。指标值越大，表明公司把盈利用于发放现金股利的比重越大，则可用于内部融资的留存收益会越少。

每股股票股利是当期每股股票得到的送股或转增股票。股票股利反映公司对股东的远期回报，也反映了公司股本的扩张。当发放股票股利达到25％，就可以看作公司股票分割。该指标越大，表明公司对股东的回报越高，公司的股本规模扩张得越大。

4. 并购重组

并购重组是公司控制权转移的重要方式，对财务治理有重要影响。本研究选择了并购数量、并购金额等两个指标来衡量并购重组的发生对公司财务治理的影响。

并购数量指在一段时间内，公司并购或重组事件发生了多少起，其中既包括公司作为收购人的并购重组事件，也包括公司作为被收购人的并购重组事件。该指标反映了公司股东、资产或业务的变化，甚至控制权的转移；同时，反映了市场对公司价值的评价。该指标值越大，表明市场越活跃，公司的控制权可能在频繁地转移，公司的股票或资产具有投资价值。

并购金额指在一段时间内，不论是作为收购人或被收购人，公司并购或重组事件发生的金额。根据并购的金额及公司规模，可以判断公司的控制权是否发生转移。只有当公司控制权发生转移时，才会对公司的财务治理发生较大的影响。所以，该指标除了被用来衡量市场的活跃程度，还被用来衡量公司控制权的转移。

5. 激励约束

激励约束机制的内部机制主要是对公司经理、董事等内部经营管理人员的激励和约束。对于激励机制选择了主要薪酬激励、股权激励等可以计量的指标，没有考虑职位升迁等难于量化的指标。对于约束机制选择独立董事这个指标，放弃了规章制度等难于量化的指标。所以，本研究主要选择高管薪酬、董事薪酬、独立董事薪酬、高管持股和独立董事人数五个指标来衡量企业激励约束机制。

高管薪酬指公司高层管理者（主要指经理层）的报酬，包括工资、奖金，但不包括股票期权奖励。即使在同一公司中高管的薪酬差异也很大，为了避免极端值的影响，本研究使用前三位高管的平均年报酬作为高管薪酬指标值。该指标反映了公司对高管的短期激励，在一定范围内指标值越高，激励程度越高。但由于边际效用递减规律，当薪酬达到一定程度后，就起不到应有的激励作用了。

　　董事薪酬指公司董事（除独立董事）的报酬，包括工资、奖金等。出于同样的原因，本研究使用前三位董事的平均年报酬作为董事薪酬指标值。该指标反映了公司对董事的激励，指标值越高，激励程度越高。

　　独立董事薪酬指公司独立董事的报酬，包括工资、奖金等。在公司中有些董事是不拿报酬的，为了避免零薪酬的影响，本研究使用前三位独立董事的平均年报酬作为独立董事薪酬指标值。该指标反映了公司对独立董事的激励，指标值越高，激励独立董事更好地发挥监督约束作用。

　　高管持股指公司高层管理者（主要指经理层）持有公司股份的比例。公司高管持有公司股票，不论是自行购入，还是股票期权奖励，都表明了对公司未来发展前景看好。该指标反映的是对公司高管的长期激励，指标值越大，越能激励公司高管努力经营以期提高企业价值。

　　独立董事人数指公司董事会中独立董事的数量。独立董事由于其独立的身份，应该在公司财务治理中发挥监督约束大股东和经理层的作用。该指标反映公司的内部约束机制，指标值越高，说明公司约束力越强。

（三）控制变量

　　除去前述的各类受股权分置改革影响的财务治理因素，还有一些变量虽然与股权分置改革无关，但会对公司的绩效和成长产生重要影响。本研究选择了四个这样的变量作为控制变量：规模、行业、地区、上市时间。

　　规模就是指公司的总资产。规模不同的企业，其财务治理也会有很大差异，从而表现出不同的企业绩效和成长能力。所以，本研究选择公司规模指标作为控制变量。

　　行业主要指公司的主营业务所属行业。不同行业所具有的不同特点，使得分属不同行业的公司具有不同的财务治理行为，行业指标也是一个重要的控制变量。本研究采用 Wind 系统对上市公司的二级行业分类，划分为 24 个行业。根据不同行业的竞争程度，将这 24 个行业又划分为两大类：一类是限制竞争类行业，包括公用事业Ⅱ、能源Ⅱ、资本货物等 3 个行业；另一类是竞争性行业，包括其他的 21 个行业。

　　地区主要指公司的注册地。不同地区的经济发展程度不同，外部环境的差异使得公司的财务治理呈现不同特点。按照行政区划，中国有 31 个省、直辖市和自治区（不包括香港、澳门和台湾地区）。按照地域分布可以划分为东、中、西三大区域，其中东部包括：北京、河北、天津、上海、江苏、浙江、广东、福建、海南、黑龙江、吉林、辽宁、山东13个省及直辖市；中部包括：安徽、山西、河南、湖南、湖北、江西6个省；西部地区包括：重庆、陕西、甘肃、内蒙古、宁夏、青海、新疆、西藏、四川、广西、贵州、云南12个省、自治区及直辖市。

上市时间指公司流通股上市流通的时间。以2005年为参照，计算公司发行上市至2005年的时间。上市时间的长短会对公司财务治理有一定的影响。上市时间长的公司多会形成稳定的财务政策，其根深蒂固的财务政策惯性会造就特定的财务治理模式，造成路径依赖，导致难于变革。

（四）政策变量

为了区别股权分置改革实施和股票全流通对上市公司财务治理的影响，设定了两个虚变量，分别反映这两个政策事件的影响效果：股权分置改革实施和全流通。通过设定第三个政策变量——股权分置改革及流通，反映股权分置改革的总体效应。

股权分置改革实施政策变量为虚变量，反映股权分置改革实施的不同时期，2005年以前为0，2005年以后为1。通过设置该指标，区分股权分置改革实施不同时段的指标值，对比分析股权分置改革实施前后的政策对公司财务治理的影响。

全流通政策变量也是虚变量，反映股票流通的不同时期，2008年以前为0，2008年以后为1。通过设置该指标，区分股票流通不同时段的指标值，对比分析股票全流通前后的政策对公司财务治理的影响。

股权分置改革实施及全流通这个虚变量反映了股权分置改革的全过程，2005年以前为0，2008年以后为1。通过设置该指标，区分股权分置改革不同时段的指标值，对比分析股权分置改革前后的政策对公司财务治理的影响。

三　财务治理样本数据描述性统计分析

（一）自变量描述分析

对所选70家样本公司2004—2009年的自变量数据进行了描述性统计分析，初步验证了部分假设，并将数据特征汇集在表5-2中。

表5-2 　　　　　　　　　　　　　自变量及公司规模描述

指　标		2004 年	2005 年	2006 年	2007 年	2008 年	2009 年
第一大股东持股比例（%）	最大值	85	77.89	78.32	73.97	73.97	73.97
	最小值	17.93	12.2	12.2	8.99	8.99	8.99
	平均值	48.33	40.67	38.14	37.14	36.75	35.55
股东制衡比	最大值	109.18	70.15	31.89	22.37	24.66	22.21
	最小值	0.35	0.35	0.36	0.36	0.36	0.44
	平均值	8.75	6.72	3.83	4.1	4.58	4.61
机构持股比例（%）	最大值	25.7	29.25	50.85	74.2	95.91	88.24
	最小值	0	0	0.07	0	0.74	0.53
	平均值	4.7	6.61	13.25	16.71	46.38	45.69
流通股比例（%）	最大值	75.69	87.8	87.8	95.05	100	100
	最小值	15	26.37	27.04	32.04	95.58	52.86
	平均值	32.78	43.87	53.79	62.64	99.72	98.38
资产负债率（%）	最大值	74.56	77.73	80.69	82.82	80.68	81.49
	最小值	12.29	9.15	13.88	13.74	9.31	7.74
	平均值	45.11	47	46.3	46.95	46.88	47.43
利息保障倍数	最大值	83.5	113.19	7833.33	246.54	342.95	1582.59
	最小值	1.27	-0.06	-7.58	-4.24	-4.17	-2.79
	平均值	14.09	14.29	140.16	16.05	18.17	44.16
流动比率	最大值	6.65	15.49	6.13	4.39	6.5	8.42
	最小值	0.17	0.21	0.08	0.27	0.1	0.09
	平均值	1.68	1.64	1.48	1.48	1.6	1.7
股利支付率（%）	最大值	302.32	190.92	159.76	78.85	349.88	321.27
	最小值	0	0	0	0	0	0
	平均值	45.63	40.84	34.13	22.53	29.48	34.37
每股股票股利（股）	最大值	1	1	1	1	1	1.5
	最小值	0	0	0	0	0	0
	平均值	0.14	0.14	0.09	0.2	0.07	0.09
并购数量	最大值	12	28	14	10	23	17
	最小值	0	1	1	1	1	1
	平均值	1.8	4.2	3.08	3.03	5.04	3.35

指　标		2004 年	2005 年	2006 年	2007 年	2008 年	2009 年
并购金额 （千万元）	最大值	192.80	3656.41	172.60	170.48	2838.73	2776.09
	最小值	0.02	0.08	0.05	0.01	0.24	0.001
	平均值	20.71	90.89	18.42	24.95	100.04	105.70
高管薪酬 （万元）	最大值	103.67	122.22	133	215.4	167.99	142.3
	最小值	4.27	1.34	4.23	6.4	6.5	8.24
	平均值	22.7	24.77	28.59	37.57	39.59	41.34
董事薪酬 （万元）	最大值	103.67	115	133	192.87	174.11	137.96
	最小值	0	1.5	0	3	3.67	7.47
	平均值	19.53	23.35	25.61	34.14	35.22	34.87
独立董事薪酬 （万元）	最大值	25	25	14.16	25	40	21.67
	最小值	0	0	0	0	0	0
	平均值	4.76	4.07	3.76	4.59	5.58	5.67
高管持股 比例（%）	最大值	66.64	58.13	58.13	49.99	45.65	41.37
	最小值	0	0	0	0	0	0
	平均值	6.47	5.27	4.99	3.76	3.61	3.33
独立董事人数	最大值	5	5	5	6	9	7
	最小值	0	0	0	0	0	0
	平均值	3.17	3.17	3.04	3.44	3.59	3.53
公司规模 （亿元）	最大值	642.55	1420.24	1648.47	1883.36	2000.21	2011.43
	最小值	3.13	2.97	3.27	4.26	5.3	5.85
	平均值	31.52	45.13	53.19	64.61	80.33	89.86

　　第一大股东持股比例平均降低了约 13 个百分点，说明上市公司中"一股独大"的现象有所改善，初步验证了假设 3。股东制衡比平均下降了约 50%，股权制衡比是逆指标，该指标下降说明第二大股东至第十大股东的持股比例有所增加，股东间的制衡加强了，初步验证了假设 3。机构持股比例平均从 4.7% 上升到 45.69%，增加了约 9 倍；流通股比例平均从 32.78% 上升到 98.38%，增加了约 3 倍。总体而言，股权结构指标的变化对假设 1 有验证作用。

　　资产负债率从 45.11% 上升到 47.43%，增加了 2 个多百分点，说明上市公司中债务融资的比重在加大，初步验证了假设 4。利息保障倍数从

14.09 上升到 44.16，增加了约 3 倍；流动比率从 1.68 上升到 1.7，保持稳定，这些都表明上市公司的偿债能力提高了，对保护债权人的利益有利，初步验证了假设 5。

股利支付率从 2004 年至 2007 年呈下降趋势，其后逐步上升，总体还是下降趋势，从 45.63% 下降到 34.37%，降低了约 12 个百分点，与假设 6 的部分观点相反。每股股票股利除了 2007 年异常较大以外，基本在稳定中略有下降，从 0.14 元下降到 0.09 元，平均降低了 0.05 元，与假设 7 的部分观点相反。这说明控股股东依然控制着公司的股利分配决策权，出于控制权私利的考虑，不愿意与其他股东共享公司经营成果。

并购数量除了 2005 年和 2008 年异常猛增外，基本呈稳步增长的态势，平均从 1.8 起上升到 3.35 起；并购金额除了 2005 年大幅增加和 2006 年大幅下降外，呈现快速增长态势，从 20705.27 万元迅速上升到 105701.7 万元。并购重组无论从数量上还是金额上都有大幅的增长，说明股权分置改革促进了公司的并购重组，这部分地验证了假设 9。

高管薪酬平均从 22.7 万元上升到 41.34 万元，上升约 80%；董事薪酬平均从 19.53 万元上升到 34.87 万元，上升也超过了 80%；独立董事薪酬平均从 4.76 万元上升到 5.67 万元，上升约 20%；高管持股比例平均从 6.47% 下降到 3.33%，下降了 3.14 个百分点。公司高管、董事和独立董事的薪酬大幅上涨，高管持股却逐步下降，说明目前上市公司的激励依然以现金激励为主，股权激励为辅，甚至有以薪酬代替股权的趋势，这与假设 11 的部分观点相反。独立董事人数也在稳步增加，平均从 3.17 人增加到 3.53 人，说明独立董事制度在上市公司中已经被广泛接受，在公司财务治理中发挥更大的作用。公司规模平均从 31.52 亿元增加到 89.86 亿元，增加了约 1.85 倍，呈快速增长态势，这与公司管理层报酬的增长趋势相同，初步验证了假设 12。

（二）因变量描述分析

在表 5 - 3 中汇集了所选 70 家样本公司 2004—2009 年的因变量数据特征，并对数据进行了描述性统计分析，反映了股权分置改革前后样本公司获利能力和增长能力的变化趋势。

表 5 - 3　　　　　　　　　　　　　　因变量描述

指　标		2004 年	2005 年	2006 年	2007 年	2008 年	2009 年
总资产收益率（%）	最大值	19.52	19.9	14.8	23.74	24.12	43.99
	最小值	0.53	- 1.81	- 12.64	- 20.15	- 5.31	- 7.32
	平均值	6.61	5.75	5.41	5.73	5.31	5.92
净资产收益率（%）	最大值	36.13	34.88	24.88	41.87	42.44	45.96
	最小值	1.83	- 6.38	- 28.5	- 78.46	- 13.85	- 16.57
	平均值	12.31	11.03	9.78	9.94	9.48	10.42
总资产增长率（%）	最大值	311.91	121.03	143.5	184.57	140.15	88.09
	最小值	- 25.6	- 11.07	- 31.41	- 56.36	62.74	- 10.98
	平均值	35.66	14.84	19.09	25.74	10.45	16.01
主营业务收入增长率（%）	最大值	1041.09	122.3	140.99	151.46	113.46	156.86
	最小值	- 61.15	- 41.57	- 73.28	- 30.54	- 59.15	- 79.69
	平均值	50.92	20.08	24.89	26.35	19.48	3.18
净利润增长率（%）	最大值	5269.1	124.96	829.55	427.33	1495.2	508.52
	最小值	- 93.6	- 407.33	- 300.19	- 1167	- 453.94	- 3519
	平均值	136.67	0.01	24.17	14.31	- 8.954	- 40.98
每股股东自由现金流量（元）	最大值	1.88	1.59	1.33	7.51	7.14	6.34
	最小值	- 2.39	- 1.52	- 2.57	- 1.51	- 1.19	- 1.18
	平均值	- 0.08	0.01	0.03	0.12	0.2	0.4

2004 年至 2009 年，样本的公司总资产收益率总体呈下降趋势，到 2009 年略有回升，平均从 6.61% 下降到 5.92%，下降了 0.69 个百分点；而净资产收益率的变化趋势与总资产收益率大致相同，平均从 12.31% 下降到 10.42%，下降了 1.89 个百分点。这初步说明股权分置改革在短期内对上市公司业绩的改善不利，但从长期来看是有利的。

从 2004 年到 2009 年，总资产增长率平均从 35.66% 下降到 16.01%，下降了 19.65 个百分点；主营业务收入增长率平均从 50.92% 下降到 3.18%，下降了 47.74 个百分点；净利润增长率平均从 136.67% 下降到 - 40.98%，下降幅度最大，达到了 177.65 个百分点。总资产增长率、主营业务收入增长率和净利润增长率三个指标都呈波动向下的发展趋势，其中 2007 年的指标值成为股权分置改革以来的阶段性高点。这说明股权分置改革在短期内对样本公司的增长能力也有不利的影响，但股票的全流通对公司的增长能力有促进作用。

2004—2009 年每股股东自由现金流量平均从 -0.08 增加到 0.4，增加了 6 倍，说明公司有充足的现金保证增长，但实际上公司的增长速度在减慢，这可能是由于控股股东通过资金"隧道"转移资金以致影响了企业的成长能力。

（三）控制变量描述分析

从控股股东性质来看，2009 年国有股东和非国有股东控股比例各占一半，说明经过股权分置改革之后，股份制企业的多元化控股格局初步形成，有利于股份制企业的公司财务治理结构趋于均衡状态，实现科学的制衡机制，初步验证了假设 1 和假设 3（见表 5 - 4）。

表 5 - 4　　　　　　　　　　　　控制变量描述

		2004 年	2005 年	2006 年	2007 年	2008 年	2009 年
控股股东性质	国有	35	35	35	35	35	35
	非国有	35	35	35	35	35	35
独立董事人数	3 人以下	47	47	48	46	42	42
	3—5 人	23	23	22	21	24	25
	5 人以上	0	0	0	3	4	3
公司规模	10 亿元以下	20	17	13	11	9	7
	10 亿—100 亿元	47	50	53	53	52	52
	100 亿元以上	3	3	4	6	9	11
行业	限制竞争行业	21	21	21	21	21	21
	竞争性行业	49	49	49	49	49	49
地区	东部	48	48	48	48	48	48
	中部	16	16	16	16	16	16
	西部	6	6	6	6	6	6
上市时间	5 年以下	62	62	62	62	62	62
	5—10 年	30	30	30	30	30	30
	10 年以上	8	8	8	8	8	8

注：表中数值区间包括上限，不包括下限。

从独立董事人数看，95% 以上的企业设立了 3 名以下或 5 名以下独立董事。人数从 2004 年的 3 人以下占多数向 2009 年的 3 人以上发展。表明独立董事的作用受到重视，在公司治理结构方面的监督制约作用有所增强，初步验证了假设 12。

从公司规模看，超过 70% 的股份制企业资产总额分布在 10 亿—100 亿元，100 亿元资产以上的企业数量自 2004 年以来有所增加，而 10 亿元以下的企业数量自 2004 年以来大幅减少，说明股份制企业在近几年内资产总额总体呈上升趋势，企业发展速度相当迅猛。

从行业分布看，竞争性行业数量占 70%，非竞争性行业占 30%，说明近几年竞争性行业的企业发展速度更快，效率可能更高。

从地区分布来看，东部企业占据了约 68% 的份额；中部次之，占 20% 多；西部数额最少，占 10% 左右。说明中国东中西三大经济带的区域发展差异显著，今后应该以国家西部大开发战略和中部崛起战略为契机，大力促进生产要素的区域转移，实现区域协调发展。

从上市时间看，5 年以下的企业占 60%，5—10 年的约占 30%，10 年以上的约占 10%，说明大部分企业上市时间短，发展速度快。改组成股份制企业可能有利于企业快速成长。

四　财务治理多元回归模型

根据前面股权分置改革对上市公司财务治理的影响路径，主要考虑了可以影响财务治理的五个方面的财务事项，而财务治理效率也最终体现在短期绩效和长期发展的两类目标上。其中，股权分置改革的影响因素和财务治理的各要素之间又相互影响，使得股权分置改革与上市公司财务治理间存在复杂的因果关系。所以，综合考虑设计了如下的财务治理多元回归模型。

$$Y = \alpha + \beta_1 X + \beta_2 C + \beta_3 P + \beta_4 \sum \sum X$$
$$+ \beta_5 \sum XC + \beta_6 \sum XP + \beta_7 \sum PC + U \qquad (5-1)$$

该多元回归方程以企业绩效（Y_1）与成长（Y_2）为因变量，以公司财务治理的五个重要方面作为自变量（X_1，X_2，X_3，X_4，X_5），加上外生的控制变量（C）和政策变量（P）来解释因变量。

在因变量 Y_1 中，包括 2 个二级指标：总资产收益率 Y_{11}、净资产收益率 Y_{12}；在 Y_2 中包括 4 个二级指标：总资产增长率 Y_{21}、主营业务收入增长率 Y_{22}、净利润增长率 Y_{23}、每股股东自由现金流量 Y_{24}。在回归分析中，每个模型中选择一个因变量展开分析。

在自变量中，X_1 包括 5 个二级指标：第一大股东持股比例 X_{11}、股东

制衡比 X_{12}、机构持股比例 X_{13}、流通股比例 X_{14}、控股股东性质 X_{15}；X_2 包括 3 个二级指标：资产负债率 X_{21}、利息保障倍数 X_{22}、流动比率 X_{23}；X_3 包括 2 个二级指标：股利支付率 X_{31}、每股股票股利 X_{32}；X_4 包括 2 个二级指标：并购数量 X_{41}、并购金额 X_{42}；X_5 包括 5 个二级指标：高管薪酬 X_{51}、董事薪酬 X_{52}、独立董事薪酬 X_{53}、高管持股 X_{54}、独立董事人数 X_{55}。在回归分析中，所有自变量及其与各变量的交叉项进入回归分析，经过分阶段筛选，发现有效的自变量及其交叉项。

在控制变量 C 中，4 个外生变量及其与各变量的交叉项全部进入回归分析，经过分阶段回归分析，筛选出通过检验的控制变量，以考察规模 C_1、行业 C_2、地区 C_3 和上市时间 C_4 等非股权分置改革影响因素对财务治理的影响。

在政策变量 P 中，3 个虚变量（P_1，P_2，P_3）分别表示股权分置改革的不同时间段。3 个政策变量及其与各变量交叉项在三个时间段分别进入回归分析，经过分阶段回归分析，筛选出通过检验的政策变量。

第二节　财务治理多元回归分析

在本部分的定量分析中，本研究运用 SPSS 18.0 软件，对财务治理的相关因素和公司绩效成长指标，进行分阶段多元回归分析，分析 2004—2006/2007 年股权分置改革实施前后的政策效应，试图发现股权分置改革实施对公司财务治理的影响；分析 2007—2009 年全流通前后的政策效应对于诸多相关财务指标的影响，试图发现股票全流通对公司财务治理的影响；还对 2004—2009 年股权分置改革前后上市公司的相关财务指标进行对比，以便进一步研究两种效应的综合影响。

一　股权分置改革实施前后政策效应分析

由于股权分置改革各项政策的实施对内外部环境的影响，导致股权分置改革实施前后的上市公司财务治理结构发生改变，对企业的绩效和成长产生影响，这种变化体现在公司的相关财务指标上；并且这种影响会导致相关财务指标之间作用关系的变动。因此，在建立计量经济学模型时，不但要分析作为因变量的企业绩效和成长指标，如总资产收益率、净资产收益率、总资产增长率、主营业务收入增长率、每股股东自由现金流量等与诸多自变量之间的相关关系，还要建立交叉项分析自变量之间的作用机制与影响程度。

考虑到上市公司股权分置改革时间不统一，股权分置改革政策效应发挥作用的时滞也有区别，所以，在以下的 5 个计量方程中，每个方程都相应地分析了 2004—2006 年及 2004—2007 年的股权分置改革效应。

模型 1 - 1：

$ROA = 0.128 - 0.224DTAR + 0.259Fshare \times SDPS + 0.114Fshare \times NIE + 0.353LP \times NM + 0.206LP \times MS - 0.099LP \times MP - 0.483LP \times NIE + 0.314JP \times NIE - 0.278CF \times DTAR - 0.11DTAR \times MP + 0.099NM \times TIE - 0.173NM \times CR - 0.244NM \times DPR - 0.102AM \times TIE + 0.131AM \times ES - 0.139AM \times MP$

模型 1 - 2：

$ROA = 0.082 + 0.419JP - 0.27DTAR - 0.314Policy_1 + 0.196Fshare \times SDPS + 0.124LP \times MP + 0.286JP \times MS$

模型 1 - 1 和模型 1 - 2 中（见附表 2）所有变量均通过了 t 检验，总体方程通过了 F 检验；由于 VIF < 10，说明自变量之间不存在多重共线性；时间序列变量通过了 D. W 检验，说明变量不存在序列相关。

在模型 1 - 1 和模型 2 - 1 中，选择总资产收益率（ROA）作为因变量，对股权分置改革实施前后的政策效应做了分析。从附表 2 中的计算结果可以看出，部分财务指标与因变量呈负相关，它们分别是：2004—2006 年的资产负债率，流通股比例与高管薪酬、高管持股比例、独立董事人数的交叉项，控股性质、高管持股比例与总资产负债率的交叉项，并购数量与流动比率以及股利支付率的交叉项。2004—2007 年的数据分析发现，除了 2006 年的负相关项目外，增加了并购数量与每股股票股利的交叉项，政策效应 1 与总资产收益率负相关。

从这些负相关的指标中，可以观察到：第一，股权分置改革政策实施之后，公司的总资产收益率下降了，资产负债率与之负相关，呈上升趋势，这验证了假设 4，公司倾向于负债融资；但否定了假设 5，最少短期内股权分置改革对债权人的权益保护产生了不利的影响，对于企业经营绩效也产生了负面作用。第二，流通股比例与高管薪酬、高管持股比例、独立董事人数的交叉项为负，反映了高层管理人员的薪酬、持股比例与独立董事人数的多少对于公司的绩效没有正面影响，反而产生了负面因素，部分地否定了假设11，股权分置改革后管理层的薪酬并没有与企业业绩挂钩，说明公司财务治理结构的变化并未促进财务治理机制的改善，以至于对企业绩效的变化起到了反作用。第三，并购数量与流动比率以及股利支付率的交叉项为负，说明上市公司的并购具有投机倾向，以掏空上市公司为目的，降低了企业的短期偿债能力和支付现金股利的能力，影响了企业绩效，损害了其他股东和债权人的利益，否定了假设5，并购并没有加强对利益相关者的保护，而且降低了公司的财务治理效率。

与总资产收益率正相关的自变量包括：第一大股东持股比例与每股股票股利、独立董事人数的交叉项，流通股与并购数量、高管薪酬的交叉项，机构持股比例与独立董事人数的交叉项，并购数量与利息保障倍数的交叉项，并购金额与董事报酬的交叉项。这些交叉项的系数为正，表明：第一，由于股权分置改革导致总资产收益率下降，而与之正相关的第一大股东持股比例也会下降，这部分验证了假设3，说明"一股独大"的现象有所改善；同时，第一大股东持股比例与总资产收益率正相关，说明大股东更加关注企业的经济绩效，有动力也有能力改善企业的财务治理。第二，流通股比例的提高，有利于企业并购重组，部分证实了假设9，可以在股票市场上更容易地实现控制权的转移，有利于健全外部的控制权市场；同时，更多的流通股在市场上公开自由交易，会使得企业股权趋于分散，分散的股东无力控制企业的经营管理，为了自身利益，会通过多样化企业高管报酬的方式实施激励，部分地验证了假设11，说明高管薪酬的结构单一化会有所改变，有助于企业财务治理结构的优化和机制的改善，提高企业效益。第三，机构持股比例的增加验证了假设3，说明股东间的制衡增强，显然有助于企业绩效的提高，因为它们对于企业的参与积极性较高，有助于约束企业经理阶层的不负责任行为。第四，并购金额与利息保障倍数的交叉项共同提升了总资产收益率，表明随着并购金额的增加，公司的控制权会发生转移，从反面验证了假设9，股权结构分散的公司容易发生并购重组，新的控股股东会为了自身利益，努力提高企业绩效；同时，提高了企业偿债能力，债权人的利益更有保障，从侧面验证了假设5，说明并购作为推动企业治理结构均衡的外部市场力量，增加了企业经理层的合理性经营行为，治理结构和效率都有所改善。

模型2-1：

$$ROE = 0.097 + 0.187Area + 0.307Fshare \times SDPS + 0.292LP \times MS +$$

$0.146LP \times NIE - 0.196CF \times NIE - 0.144DTAR \times MP - 0.17NM \times SDPS - 0.231AM \times MP + 0.127AM \times NIE$

模型 2 - 2：

$ROE = 0.047 + 0.363JP + 0.156SDPS + 0.201Area - 0.311Policy_1 + 0.25Fshare \times NIE$

模型 2 - 1 和模型 2 - 2 中（见附表 2）所有变量均通过了 t 检验，总体方程通过了 F 检验；由于 VIF < 10，说明自变量之间不存在多重共线性；时间序列变量通过了 D. W 检验，说明变量不存在序列相关。

在模型 2 - 1 和模型 2 - 2 中，选择净资产收益率（ROE）作为因变量，对股权分置改革实施前后的政策效应做了分析。从附表 2 中的计算结果可以看出，部分财务指标与因变量呈负相关，它们分别是：2004—2006年的控股股东性质与独立董事人数的交叉项、资产负债率与高管持股比例的交叉项、并购数量与每股股票股利的交叉项、并购金额与高管持股比例的交叉项，以及 2004—2007 年的股权分置改革政策效应。

从这些负相关的指标中，可以观察到：第一，股权分置改革政策实施之后净资产收益率下降，说明股权分置改革政策初期的效应不明显，需要经过较长时期来验证。第二，控股股东性质与独立董事人数的系数为负，表明在国有控股的上市公司中，独立董事的多少并没有对公司的财务治理起到太大的作用，其在公司财务治理中发挥监督约束的作用不足；同时，国有控股在一定程度上也对资产收益率有负面影响，这说明短期内国有控股公司代理链条过长，所有者缺位的财务治理问题还没有得到根本改善。第三，资产负债率与高管持股比例的系数为负，证实了假设 4 的前半部分，否定了后半部分，说明公司倾向于用负债融资，即使资本结构已经偏离了最佳资本结构，公司高管仍通过增加负债提高短期收益，忽视企业风险，希望达到设定的目标以获得奖励，损害了债权人的利益；由于短期内高管的持股比例不会有显著的增加，起不到激励公司经理层的作用，他们完全可以通过操纵促成对自己有利的并购，实现自己的利益，损害股东的利益，验证了假设 9。但对于假设 11，由于股票期权激励要在长期实施，短期内无法在高管持股比例上体现，所以没有明显的证实或证伪。以上表明公司的财务治理机制还无法有效地对公司高管激励约束。第四，投机性的并购发生后，控股股东会通过发放股票股利替代现金股利，在公司留存大量的资金，以便自己通过资金"隧道"掏空或无偿占用，影响公司的财务治理效率，验证了假设 7。

与净资产收益率正相关的自变量包括：2004—2007 年的机构持股比例，每股股票股利，地区，第一大股东持股比例与独立董事人数的交叉项，流通股比例与高管薪酬、独立董事人数的交叉项，并购金额与独立董事人数的交叉项。这些变量的系数为正，表明：第一，机构持股比例增加，股东间的制衡加强，对公司财务治理结构的改善起到积极作用，更好地保护了非控股股东的权益，验证了假设 3。第二，第一大股东持股比例较高的情况下，应该有更多独立董事来保证中小股东和其他利益相关者的利益，企业的经营行为符合最大利益者的目标，从而有利于净资产收益率上升，验证了假设 12。第三，流通股比例的增加，会有更多的中小投资者在公开的股票市场上购买公司股票，成为公司股东，这部分中小股东投资者的利益需要有更多的独立董事来保证；同时，外部控制权市场的不断完善，会使得上市公司更多地通过并购和重组实现资源的优化配置，其中也需要独立董事的监督约束，保证并购行为合法合规，避免实际控制人通过并购获得私利，损害公司利益，这些都验证了假设 12。第四，随着中小股东数量的增多，分散的股东无法通过参与公司的决策保证自身的利益，希望通过提高管理层的薪酬实现激励作用，有助于企业经理层专注于企业效益，约束经理层的个人目标函数，使之与企业利益相关者的目标函数相一致，进一步验证了假设 11。

模型 3：

$$FCFPS = -0.222 + 0.233Fshare \times DPR - 0.351ER \times NM + 0.203CF \times ES + 0.228AM \times MP$$

模型 3 中（见附表 2）所有变量均通过了 t 检验，总体方程通过了 F 检验；由于 VIF < 10，说明自变量之间不存在多重共线性；时间序列变量通过了 D. W 检验，说明变量不存在序列相关。

在模型 3 中，选择每股股东自由现金流量（FCFPS）作为因变量，对股权分置改革实施前后的政策效应做了分析。从附表 2 中的计算结果可以看出，部分财务指标与因变量正相关，它们分别是：2004—2006 年的第一大股东持股比例与股利支付率的交叉项、控股股东性质与董事薪酬的交叉项、并购金额与高管持股比例的交叉项。

从这些相关的指标中，可以观察到：第一，相较于股票股利而言，第一大股东更愿意发放现金股利，避免控制权的稀释，这证实了假设 6，而现金分红必然会影响每股股东自由现金流量增加，说明第一大股东影响了公司的股利政策，损害中小股东的利益。第二，控股股东的性质会影响董事的薪酬，国有控股公司和非国有控股公司由于自身利益目标的不同，会对董事实行不同的薪酬计划，非国有控股公司更愿意以高薪酬激励董事实现自己的利益，证实了假设12。控股股东性质与董事薪酬的共同作用影响每股股东自由现金流量，控股股东通过对董事的薪酬激励提高企业每股股东自由现金流量，一方面可以为企业发展提供充足的资金，另一方面可以提高以股东自由现金流量为基础的企业价值。上述说明董事薪酬对于提升董事关心企业成长比较重要，董事的目标函数与企业一致。第三，并购金额与高管持股比例的增加影响每股股东自由现金流量的增加，隐含了高管持股比例的高低影响高管阶层的利益，并且有助于促成他们理性并购，从而有利于企业成长，部分地验证了假设11。

模型4-1：

$AIR = 0.063 - 0.152LP + 0.198Area - 0.236Time - 0.119Policy_1 - 0.107Fshare \times LP + 0.15Fshare \times DPR - 0.355ER \times NM + 0.438LP \times SDPS - 0.924JP \times NM + 0.137JP \times MS + 0.196JP \times IES + 1.327NM \times DTAR - 0.179NM \times SDPS - 0.256NM \times MS + 0.133AM \times SDPS$

模型4-2：

$AIR = 0.177 + 0.195SDPS + 0.169Fshare \times DPR - 0.33ER \times LP + 0.474CF \times NM$

模型4-1和模型4-2中（见附表2）所有变量均通过了t检验，总体方程通过了F检验；由于VIF<10，说明自变量之间不存在多重共线性；时间序列变量通过了D.W检验，说明变量不存在序列相关。

在模型4-1和模型4-2中，选择总资产增长率（AIR）作为因变量，对股权分置改革实施前后的政策效应做了分析。从附表2中的计算结果可以看出，部分财务指标与因变量呈负相关，它们分别是：流通股比例、上市时间、股权分置改革政策、第一大股东持股比例与流通股比例的交叉项、股东制衡比与流通股比例的交叉项、股东制衡比与并购数量的交叉项、机构持股比例与并购数量的交叉项、并购数量与每股股票股利的交叉项、并购数量与高管薪酬的交叉项。

从这些负相关的指标中，可以观察到：第一，流通股比例、上市时间和股权分置改革政策对于总资产增长率有负面影响，表明短期内股权分置改革相关政策影响了企业的增长规模。第二，相对应的第一大股东持股比例、股东制衡比、企业高管薪酬、机构持股比例与每股股票股利等对于总资产增长率有正面影响，表明大股东更关心企业效益的增长，与企业利益关联度最强；而其他股东的制衡和机构投资者的参与对企业的成长有利，验证了假设3；对高管的薪酬激励和对股东的股利回报，都能增强他们经营管理企业的热情，从而提高企业的成长能力，验证了假设11。第三，并购数量对于总资产增长率有负面影响，表明现阶段的多元化并购并不是企业快速扩张的捷径，短期内企业无法在资本运营方面实现增长，推翻了假设10。

部分财务指标与因变量正相关，它们分别是：每股股票股利，地区，第一大股东持股比例与股利支付率的交叉项，流通股比例与每股股票股利的交叉项，机构持股比例与高管薪酬、独立董事薪酬的交叉项，控股股东性质与并购数量的交叉项，并购数量与资产负债率的交叉项，并购金额与每股股票股利的交叉项。

从这些正相关的指标中，可以观察到：第一，每股股票股利、地区、并购金额、第一大股东持股比例对于总资产增长率有正面影响，说明导致控制权发生转移的并购可以影响企业的规模，提高企业的成长能力，验证了假设10；而经济越是相对落后的地区，企业更具成长性，这一方面是由于落后地区的上市公司数量较少，能够上市的都是优质企业，另一方面也是由于这些企业自身规模相对较小，更具有成长性。第二，高管薪酬、独立董事薪酬对于总资产增长率有正面影响，说明报酬激励对于提高高管和独立董事的积极性有效；而以企业规模作为评价高管经营能力的标准，更是会使得管理者以扩大企业规模作为主要目标，部分地验证了假设11和假设12。第三，控股股东性质影响并购行为，这一虚拟变量进而对总资产增长率有负面影响，表现出国有控股公司依然存在控制权僵化的问题，这否定了假设3中的部分内容，短期内公司控股股东性质并没有随着股权分置改革发生转变，这一方面是由于改革中的路径依赖，另一方面是由于国有股巨大的基数，导致国有股的减持乃至控股股东性质的转变将在一个较长的时期内实现。

模型 5 - 1：

$$RIR = 0.62 - 0.698ER - 2.065NM + 1.074Fshare \times NM + 0.568ER \times$$
$$DPR - 0.372ER \times NM + 0.083LP \times SDPS - 0.479LP \times NM - 0.174JP \times$$

$NM + 0.125JP \times MS - 0.186CF \times SDPS + 0.644CF \times NM + 0.181CF \times$
$AM + 1.329NM \times DTAR - 0.525NM \times MS - 0.175NM \times MP + 0.738NM \times$
$NIE + 0.099AM \times IES - 0.099AM \times MP$

模型 5 – 2：

$RIR = 0.343 - 1.567NM - 0.135Fshare \times LP + 1.348Fshare \times NM +$
$0.188Fshare \times IES + 0.302ER \times DPR - 0.823ER \times NM - 0.253ER \times IES +$
$1.272AM \times DTAR - 0.115NM \times IES$

模型 5 – 1 和模型 5 – 2 中（见附表 2）所有变量均通过了 t 检验，总体方程通过了 F 检验；由于 VIF < 10，说明自变量之间不存在多重共线性；时间序列变量通过了 D. W 检验，说明变量不存在序列相关。

在模型 5 – 1 和模型 5 – 2 中，选择主营业务收入增长率（RIR）作为因变量，对股权分置改革前后的政策效应做了分析。从附表 2 中的计算结果可以看出，部分财务指标与因变量呈负相关，它们分别是：股东制衡比、并购数量、第一大股东持股比例与流通股比例的交叉项、股东制衡比与并购数量的交叉项、股东制衡比与独立董事薪酬的交叉项、流通股比例与并购数量的交叉项、机构持股比例与并购数量的交叉项、控股股东性质与每股股票股利的交叉项、并购数量与高管薪酬的交叉项、并购数量与独立董事薪酬的交叉项、并购数量与高管持股比例的交叉项、并购金额与高管持股比例的交叉项。

从这些负相关的指标中，可以观察到：第一，股东制衡比、并购数量、控股性质、并购数量与流通股比例对于主营业务收入增长率有负面影响，说明不同性质的控股股东对于企业的资本运营与成长有不同影响。在流通股比例既定的情况下，第一大股东持股比例高时，控股股东的利益与公司利益趋于一致，会对公司主营业务收入有促进作用；而第一大股东持股比例若不高，则会有强烈的谋取控制权私利的动机，侵害其他中小股东利益，从而损害公司利益。第二，高管薪酬与独立董事薪酬对于主营业务收入增长率有正面影响，部分验证了假设 11，说明公司的激励约束机制有效。

部分财务指标与因变量正相关，它们分别是：第一大股东持股比例与并购数量的交叉项、股东制衡比与股利支付率的交叉项、流通股比例与每股股票股利的交叉项、机构持股比例与高管薪酬的交叉项、并购数量与控股性质的交叉项、控股性质与并购金额的交叉项、并购数量与资产负债率的交叉项、并购金额与独立董事薪酬的交叉项。

从这些正相关的指标中，可以观察到：第一，流通股比例与每股股票股利对于主营业务收入增长率有正面影响，说明随着流通股比例不断增加，发放股票股利产生的追加筹资的效应，有利于企业生产经营，验证了假设 7。第二，第一大股东持股比例与性质影响并购的发生，通过资本运营影响主营业务收入增长率，验证了假设 9。而在对独立董事激励有效的情况下，独立董事会更好地发挥监督职能，使得并购会更为有效地促进公司主营业务收入的增长，部分验证了假设 11。第三，机构持股比例的增加，增加了股东间的制衡，为了促使经理层实现所有股东的利益，通过实施薪酬激励，改善企业的经营管理，增加主营业务收入，部分验证了假设 12。

综合分析模型 1—模型 5，从反映企业经济绩效的 5 个因变量来观察它们的影响因素，以及各个影响因素之间的相关作用又分别影响 5 个因变量的复杂因果关系，我们可以发现它们背后的企业财务治理结构、机制和效率的变化。股权分置改革政策作为一项重大的制度安排，在短期内对于企业的经济绩效有负面影响，虽然并不能说在中长期内影响也是如此。而从作为反映企业财务治理结构变化的各大利益主体与经济绩效的关系看，大股东、高管、独立董事在相应的报酬激励机制下，都对企业效益的提升产生积极作用。这较为充分地证明，在现代企业财务治理结构中，董事会—大股东、经理阶层—高管，以及监事会—独立董事能够在激励约束机制下形成共同的目标函数，对企业的绩效和成长有促进作用。

二　全流通前后政策效应分析

股票全流通前后，企业的治理结构和经济绩效都可能会发生变化，为了衡量这一变化，本研究采用多项财务指标以及财务指标相互之间的交叉项来反映这一制度变迁。

在建立计量经济学模型时，不但要分析作为因变量的总的效益指标，如总资产收益率、净资产收益率、每股股东自由现金流量、总资产增长率、主营业务收入增长率、净利润增长率等与诸多自变量之间的相关关系，而且要用自变量之间的交叉项分析其与因变量之间的作用机制。

考虑到公司上市流通时间不统一，流通效应发挥作用有一定时滞，所以，在以下的 6 个计量方程中，流通效应的观察时间定为 2007—2009 年。

模型 1：

$$ROA = 0.092 - 0.292DTAR + 0.267CR + 0.148Fshare \times MS +$$
$$0.189ER \times SDPS + 0.113ER \times MS - 0.202LP \times NIE + 0.288JP \times CF +$$
$$0.264CF \times ES + 0.11CF \times MP + 0.265DTAR \times NIE + 0.118NM \times MP -$$
$$0.11AM \times MP$$

模型 1 中（见附表 3）所有变量均通过了 t 检验，总体方程通过了 F 检验；由于 VIF < 10，说明自变量之间不存在多重共线性；时间序列变量通过了 D. W 检验，说明变量不存在序列相关。

在模型 1 中，选择总资产收益率（ROA）作为因变量，对流通前后的政策效应做了分析。从附表 3 中的计算结果可以看出，部分财务指标与因变量呈负相关，它们分别是：资产负债率、流通股比例与独立董事人数的交叉项、并购金额与高管持股比例的交叉项。

从这些负相关的指标中，可以观察到：第一，全流通政策实施之后，由于流通股数量激增，短期内高管持股比例还较低，大额并购的发生很有可能使得公司控制权发生转移，对于企业经营绩效起到了负面作用，公司的总资产收益率下降了，验证了假设 9。第二，随着流通股比例的增加，增加更多代表中小股东利益的独立董事，并没有促进公司绩效，说明独立董事没有尽到应尽的职责，所以公司治理结构并没有发生实质性的变化，因而企业绩效没有得到改善。第三，由于公司过度使用财务杠杆，资产负债率上升会导致总资产收益率下降，部分地验证了假设 4 的前半部分，否定了假设 4 的后半部分，说明股权分置改革并没有带来公司资本结构的改善，公司依然偏好负债融资，忽视风险。

与总资产收益率正相关的自变量包括：流动比率，第一大股东持股比例与高管薪酬的交叉项，股东制衡比与高管薪酬、每股股票股利的交叉项，控股股东性质与机构持股比例、董事薪酬、高管持股比例的交叉项，资产负债率与独立董事人数的交叉项，并购数量与高管持股比例的交叉项。这些变量为正，表明：第一，第一大股东持股比例、高管薪酬对于总资产收益率的增加起到积极作用，拥有控制权的大股东和受到薪酬激励的高管更加关注企业的经济绩效，部分地验证了假设 11。第二，流通股的增多，有利于企业并购重组，并且与企业高管持股比例共同作用，有助于企业治理结构的优化，增加企业效益，验证了假设9。第三，股东制衡可以改善财务治理结构，而高管薪酬激励则是健全财务治理机制的重要内容，它们共同作用有助于企业效率的提高。除此之外，在股权制衡较好的公司发放股票股利，有助于改善公司的资本结构，增加企业效益，降低风险，验证了假设8。

模型2：

$ROE = 0.045 - 0.145DTAR + 0.248MS + 0.134Area - 0.175$
$Policy_2 - 0.128Fshare \times DTAR + 0.27LP \times SDPS - 0.137LP \times NIE +$
$0.268JP \times CF - 0.14DTAR \times NIE + 0.129NM \times MP$

模型2中（见附表3）所有变量均通过了t检验，总体方程通过了F检验；由于VIF<10，说明自变量之间不存在多重共线性；时间序列变量通过了D.W检验，说明变量不存在序列相关。

在模型2中，选择净资产收益率（ROE）作为因变量，对股票全流通前后的政策效应做了分析。从附表3中的计算结果可以看出，部分财务指标与因变量呈负相关，它们分别是：资产负债率、资产负债率与独立董事人数的交叉项、资产负债率与第一大股东持股比例的交叉项、全流通政策效应、流通股比例与独立董事人数的交叉项。

从这些负相关的指标中，可以观察到：第一，全流通政策之后净资产收益率下降，流通股比例对净资产收益率有负面影响，说明政策初期呈现负效应。第二，资产负债率的增加，导致净资产收益率下降，说明公司的资本结构已经偏离了最佳资本结构，过高的资产负债率增加了公司风险，损害了股东利益。证实了假设4的前半部分，却否定了其后半部分。第三，第一大股东持股比例和独立董事人数增加都会促使净资产收益率增加，表明公司财务治理结构和机制影响企业收益。

与净资产收益率正相关的自变量包括：高管薪酬、地区、流通股比例与每股股票股利的交叉项、机构持股比例与控股股东性质的交叉项、并购数量与高管持股的交叉项。这些变量为正，表明：第一，随着控股股东性质的变化，机构持股比例增加，将对企业财务治理结构起到积极作用，验证了假设3；而高管薪酬增加将会改善企业的财务治理机制，增加了净资产收益率，验证假设11。第二，在并购数量与高管持股的共同作用下，外部控制权市场的不断完善，使得高管为了避免被替换而努力工作，企业的经营行为倾向于符合最大利益者的目标，从而有利于净资产收益率提高，验证了假设 9 和假设 11。

模型 3：

$FCFPS = -0.973 + 0.201LP - 0.142Fshare \times DTAR$

模型 3 中（见附表 3）所有变量均通过了 t 检验，总体方程通过了 F 检验；由于 VIF < 10，说明自变量之间不存在多重共线性；时间序列变量通过了 D. W 检验，说明变量不存在序列相关。

在模型 3 中，选择每股股东自由现金流量（FCFPS）作为因变量，对全流通前后的政策效应做了分析。从附表 3 中的计算结果可以看出，流通股比例与因变量正相关，第一大股东持股比例与资产负债率的交叉项与因变量负相关。

通过分析发现：第一，第一大股东持股为保证对企业的控制权，更愿意通过负债筹资，验证了假设 4，由此导致公司有较大的财务压力，影响每股股东自由现金流量，说明第一大股东通过影响公司的筹资决策影响了企业的成长性。第二，流通股比例的增加使得每股股东自由现金流量增多，说明股权分置改革从长期来看提升了企业价值。

模型 4：

$AIR = 0.107 - 0.135ER \times LP + 0.41CF \times SDPS - 0.128CF \times AM - 0.132CF \times IES - 0.128DTAR \times NIE + 0.158NM \times CR$

模型 4 中（见附表 3）所有变量均通过了 t 检验，总体方程通过了 F 检验；由于 VIF < 10，说明自变量之间不存在多重共线性；时间序列变量通过了 D. W 检验，说明变量不存在序列相关。

在模型 4 中，选择总资产增长率（AIR）作为因变量，对全流通前后的政策效应做了分析。从附表 3 中的计算结果可以看出，部分财务指标与因变量呈负相关，它们分别是：流通股比例与股东制衡比的交叉项，控股股东性质与并购金额、独立董事薪酬的交叉项，资产负债率与独立董事人数的交叉项。

从这些负相关的指标中，可以发现：第一，在股东制衡比一定的情况下，流通股比例对于总资产增长率有负面影响，表明短期内全流通政策影响企业效益。第二，在控股股东性质为国有的前提下，导致控制权转移的并购难以发生，验证了假设 9；同时，独立董事薪酬水平总体也较低，对于总资产增长率有负面影响。第三，资产负债率高的企业应该有更多的独立董事，监督约束企业的投资经营，保障其他利益相关者的权益，但实际企业独立董事的人数依然较低，也没有起到相应的作用，所以，对于总资产增长率有负面影响。

　　两个财务指标与因变量正相关，它们分别是：控股股东性质与每股股票股利的交叉项，并购数量与流动比率的交叉项。

　　从这两个正相关的指标中，可以观察到：第一，在控股股东性质为非国有时，公司通过发放股票股利实现增资扩股，并给予股东长期的回报，故每股股票股利的增加对于总资产增长率有正面影响，验证了假设6。第二，在公司的短期偿债能力较好时，大量的并购并不会增加企业的财务负担，同时实现企业的快速增长，对于总资产增长率有正面影响，验证了假设9。

　　模型5：

$$RIR = -0.131 + 0.215DTAR + 0.284CR - 0.268POLICY_2 + 0.246CF \times SDPS + 0.221CF \times AM - 0.253NM \times TIE$$

　　模型5中（见附表3）所有变量均通过了 t 检验，总体方程通过了 F 检验；由于 VIF < 10，说明自变量之间不存在多重共线性；时间序列变量通过了 D. W 检验，说明变量不存在序列相关。

　　在模型5中，选择主营业务收入增长率（RIR）作为因变量，对全流通前后的政策效应做了分析。从附表3中的计算结果可以看出，部分财务指标与因变量呈负相关，它们分别是：全流通政策、并购数量与利息保障倍数的交叉项。

　　从这些负相关的指标中，可以观察到：第一，全流通政策对于主营业务收入增长率有负面影响，表明该政策短期内对企业经济绩效有负面效应。第二，投机性并购的增加，降低了利息保障倍数，增加了企业财务风险，对于主营业务收入增长率有负面影响，部分验证了假设9。

　　部分财务指标与因变量正相关，它们分别是：资产负债率，流动比率，控股股东性质与每股股票股利、并购金额的交叉项。从这些正相关的指标中，我们可以观察到：第一，当企业的偿债能力增强时，对于主营业务收入增长率有正面影响。第二，在控股股东性质一定的前提下，每股股票股利与并购金额的共同作用与企业绩效正相关。在控股股东性质为非国有时，公司通过发放股票股利实现增资扩股，并给予股东长期的回报；同时并购中的控制权转移会促使大股东和管理者努力改善生产经营，故对主营业务增长率有正面影响，这验证了假设3和假设9。

模型 6：

$PIR = 0.118 - 5.367MP + 0.103SDPS + 3.839Fshare \times MP - 1.293$
$ER \times MP - 1.152LP \times MP + 3.389Fshare \times MP - 1.293ER \times MP - 1.152$
$LP \times MP + 0.409JP \times MP + 3.217CF \times MP + 0.327NM \times MP$

模型 6 中（见附表 3）所有变量均通过了 t 检验，总体方程通过了 F 检验；由于 VIF < 10，说明自变量之间不存在多重共线性；时间序列变量通过了 D. W 检验，说明变量不存在序列相关。

在该模型中，选择净利润增长率（PIR）作为因变量，对全流通前后的政策效应做了分析。从附表 3 中的计算结果可以看出，部分财务指标与因变量呈负相关，它们分别是：高管持股比例，高管持股比例与股东制衡比、流通股比例的交叉项。

从这些负相关的指标中，可以观察到：第一，高管持股比例对于净利润增长率有负面影响，部分验证了假设 11，表明高管阶层在掌握控制权以后，可能会通过财产转移、子公司业务扩张等方式，影响本企业经济绩效。第二，在高管持股比例一定的前提下，股东制衡比和流通股比例的增加，对于企业财务治理结构的完善有积极影响，能够平衡高管的私人利益，促进净利润增长率的提高，验证了假设 3。

部分财务指标与因变量正相关，它们分别是：每股股票股利，高管持股比例与第一大股东持股比例、机构持股比例、控股股东性质、并购数量的交叉项。

从这些正相关的指标中，可以观察到：第一，每股股票股利对于净利润增长率有正面影响，说明股票股利与企业业绩密切相关，验证了假设 7。第二，在高管持股比例一定的前提下，第一大股东持股比例、机构持股比例、控股股东性质、并购数量的共同作用有助于企业财务治理结构的优化，增强企业决策的科学性和各利益主体博弈的均衡，从而提升企业经济绩效，验证了假设 3 和假设 11。

对模型 1—6 进行综合分析，从反映企业经济绩效的 6 个因变量来观察它们的影响因素，以及各个影响因素之间的相互作用又分别影响 6 个因变量的复杂因果关系，我们可以发现这些因素背后隐藏的企业财务治理结构及其变化。全流通政策作为股权分置改革进程中的一项重大制度安排，在短期内对于企业的经济绩效有负面影响。而从反映企业财务治理结构变化的各大利益主体与经济绩效的关系看，大股东、高管、机构等在相应的激励约束机制下，都对企业绩效的提升产生积极作用。

三　股权分置改革综合效应分析

上文分别对于股权分置改革政策和全流通政策的效应做了分阶段的单项分析，有利于发现股权分置改革—公司财务治理—企业绩效成长的传导机制与相互作用，一方面，这对于揭示股权分置改革政策的短期和长期效应很重要；另一方面，我们也需要评估股权分置改革对于上市公司绩效的综合效应，这就需要我们建立将两阶段综合的计量方程。

同理，在建立计量经济学模型之后，分析因变量与自变量之间、自变量之间关系，而且要用自变量之间的交叉项揭示它们与因变量之间的作用机制。

模型1：

$$ROA = 0.085 - 0.209DTAR + 0.23CR + 0.251Fshare \times MS + 0.274 LP \times SDPS - 0.413LP \times NIE + 0.389JP \times CF + 0.201DTAR \times NIE + 0.127NM \times MP$$

模型1中（见附表4）所有变量均通过了t检验，总体方程通过了F检验；由于VIF < 10，说明自变量之间不存在多重共线性；时间序列变量通过了D.W检验，说明变量不存在序列相关。

在模型1中，选择总资产收益率（ROA）作为因变量，对综合政策效应做了分析。从附表4中的计算结果可以看出，部分财务指标与因变量呈负相关，它们分别是：资产负债率、流通股比例与独立董事人数的交叉项。

从这些负相关的指标中，可以观察到：第一，股权分置改革完成之后，公司过高的资产负债率，使得公司的总资产收益率下降，对于企业经济绩效起到了负面作用，损害了债权人和股东的利益，推翻了假设5。第二，流通股比例的增加，需要更多的独立董事监督约束企业的经营，实际的独立董事人数较少且不能发挥相应的作用，对企业绩效的变化起到了负面作用。

与总资产收益率正相关的自变量包括：第一大股东持股比例与高管薪酬的交叉项、流动比率与每股股票股利的交叉项、机构持股比例与控股股东性质的交叉项、资产负债率与独立董事人数的交叉项、并购数量与高管持股比例的交叉项。

这些变量为正，表明：第一，第一大股东持股比例较高的情况下，大股东增加对高管的薪酬激励，促使高管更加关注企业的经济绩效，有助于企业财务治理结构和机制的改善，对于总资产收益率的增加起到积极作用，验证了假设11和假设12。第二，流通股的增多，有利于企业并购重组，并且随着企业高管持股比例的增加，并购更加理性，有助于企业财务治理结构的优化，增加企业效益，验证了假设9和假设11。第三，在企业控股股东性质由国有转变为非国有的情况下，机构持股比例增加，显然有助于企业财务治理效率的提高，因为它们对于企业股东间的利益均衡起到作用，有助于约束企业经理阶层和控股股东的自利行为，验证了假设3。第四，在资产负债率一定的情况下，独立董事人数增加，加强了企业的监督约束力量，有利于完善企业的财务治理机制，提高了企业的财务治理效率。

模型2：

$$ROE = 0.131 + 0.316SDPS + 0.245MS - 0.456Policy - 0.151LP \times DPR + 0.588JP \times CF - 0.186CF \times NIE - 0.148NM \times DSPS + 0.185NM \times MP$$

模型2中（见附表4）所有变量均通过了t检验，总体方程通过了F检验；由于VIF<10，说明自变量之间不存在多重共线性；时间序列变量通过了D.W检验，说明变量不存在序列相关。

在该模型中，选择净资产收益率（ROE）作为因变量，对综合政策效应做了分析。从附表4中的计算结果可以看出，部分财务指标与因变量呈负相关，它们分别是：综合政策效应、流通股比例与股利支付率的交叉项、控股股东性质与独立董事人数的交叉项、并购数量与每股股票股利的交叉项。

从这些负相关的指标中，可以观察到：第一，股权分置改革的综合政策效应在初期对净资产收益率有负面影响，在短期内政策的效应并未显现。这一方面可能是因为制度变迁中存在路径依赖，另一方面因为政策的实施显效具有时滞性。第二，在流通股比例增加的情况下，提高股利支付率会对净资产收益率有负面影响，说明对股东的短期回报替代了长期回报，验证了假设6。第三，在控股股东性质由国有转变为非国有的情况下，应有更多的独立董事代表外部股东利益，但实际数量少且没有发挥应有的作用，降低了净资产收益率。第四，流通股增加股权不断分散的情况下，公司实际控制人以股票股利代替现金股利，在公司中留置大量的现金，通过资金隧道转移资金，实现控制权私利；或通过投机性的并购掏空公司，降低了公司净资产收益率，损害了股东利益，否定了假设6，同时验证了假设7。

与净资产收益率正相关的自变量包括：每股股票股利、机构持股比例与控股股东性质的交叉项，并购数量与高管持股比例的交叉项。表明：第一，在控股股东性质由国有转变为非国有的情况下，机构持股比例增加有利于股东间的制衡，将对企业财务治理结构的改善起到积极作用，增加了净资产收益率，验证了假设3。第二，在高管持股比例较高的情况下，高管会促成对自己有利的并购发生，一方面，公司控制权转移，有利于高管获得控制权；另一方面，通过并购公司规模扩大，收益增加，获得更多的分红，从而有利于净资产收益率上升，高管的经营行为倾向于符合股东利益最大化目标，间接验证了假设9和假设10。第三，公司发放股票股利代替现金股利，节约现金，使企业有更多的资金用于生产经营，增加了企业净资产收益率，验证了假设7。

模型3：

$$FCFPS = -0.523 + 0.345DTAR - 0.735IES - 0.127Area - 0.498ER \times AM + 0.362ER \times MS + 0.207LP \times SDPS - 0.142JP \times NM - 0.182CF \times NIE + 0.97DTAR \times IES$$

模型3中（见附表4）所有变量均通过了t检验，总体方程通过了F检验；由于VIF < 10，说明自变量之间不存在多重共线性；时间序列变量通过了D.W检验，说明变量不存在序列相关。

在模型3中，选择每股股东自由现金流量（FCFPS）作为因变量，对综合政策效应做了分析。从附表4中的计算结果可以看出，与因变量负相关的变量包括：独立董事薪酬、地区、股东制衡比与并购金额的交叉项、机构持股比例与并购数量的交叉项、控股股东性质与独立董事人数的交叉项。

从这些负相关的指标中，可以观察到：第一，地区变量对每股股东自由现金流量产生负面影响，说明越发达的地区公司资金来源渠道越多，而落后地区的公司则相对缺乏资金。第二，随着机构持股比例的增加，股东制衡增强，大量并购的发生将减少每股股东自由现金流量。一方面是由于并购可能需要动用大量资金，另一方面也减少并购方掏空公司的可能性，验证了假设 3 和假设 9。第三，在控股股东性质由国有转变为非国有的情况下，独立董事人数的增加将减少每股股东自由现金流量，避免了公司被掏空，起到了监督制约的作用。

与因变量正相关的变量包括：资产负债率及其独立董事薪酬的交叉项、股东制衡比与高管薪酬的交叉项、流通股比例与每股股票股利的交叉项。

可以观察到：第一，公司增加负债筹资的比例，使得公司的风险由债权人和股东共担，为了保障债权人的利益，有必要对独立董事实施薪酬激励，促进每股股东自由现金流量增加，使得负债资金成为公司成长有力的后盾，验证了假设 4，资产负债率增加会增加每股股东自由现金流量，但增加的风险也不容忽视。第二，在股东制衡比一定的前提下，高管薪酬的增加将促进每股股东自由现金流量增加；表明在经济激励下，高管阶层将努力工作，验证了假设 12。第三，在流通股比例不断增加的情况下，发放每股股票股利代替现金股利，将导致每股股东自由现金流量增加，验证了假设 7。

模型 4：

$$AIR = 0.447 - 0.346ER - 0.258Time - 0.307Policy + 0.276Fshare \times DTAR + 0.2LP \times SDPS - 0.215CF \times DTAR + 0.489CF \times NM + 0.155CF \times AM$$

模型 4 中（见附表 4）所有变量均通过了 t 检验，总体方程通过了 F 检验；由于 VIF < 10，说明自变量之间不存在多重共线性；时间序列变量通过了 D. W 检验，说明变量不存在序列相关。

在模型 4 中，选择总资产增长率（AIR）作为因变量，对综合政策效应做了分析。从附表 4 中的计算结果可以看出，部分财务指标与因变量呈负相关，它们分别是：股东制衡比、上市时间、综合政策效应、控股股东性质与资产负债率的交叉项。

从这些负相关的指标中，可以观察到：第一，股东制衡比对于总资产增长率有负面影响，表明第一大股东持股比例越高，总资产增长率将越低，股权制衡将有助于改善公司成长，验证了假设 3。第二，上市时间越早，总资产增长率将越低，说明公司的成长不具有可持续性，这可能是由于公司财务治理结构不完善和治理机制的不健全造成的。第三，政策效应与总资产增长率呈反向关系，说明政策效应在短期内对企业经营造成冲击，降低了经济绩效。第四，在控股股东性质由国有转变为非国有的情况下，负债融资的偏好导致过高的资产负债率，过高的风险影响了企业的成长能力，对于总资产增长率有负面影响，验证了假设 4 的前半部分，否定了后半部分，说明公司的资本结构不合理，财务治理结构并未改善。

与因变量正相关的指标分别是：第一大股东持股比例与资产负债率的交叉项，流通股比例与每股股票股利的交叉项，控股股东性质与并购金额、并购数量的交叉项。

可以观察到：第一，在控股股东性质发生变化的情况下，无论是并购金额还是并购数量的增加，都增强了企业成长力，对于总资产增长率有正面影响，验证了假设 9。第二，在资产负债率确定的前提下，第一大股东持股比例的增加对于总资产增长率有正面影响，表明财务治理结构中，剩余控制权与剩余收益权的配比有利于改善企业绩效。第三，在流通股比例不断增加的情况下，发放股票股利为企业留存大量现金，同时向市场传递了企业成长的信号，增强了企业成长能力，对总资产增长率有正面影响，验证了假设 7。

模型 5：

$$RIR = 0.152 - 0.13POLICY + 0.408Fshare \times DTAR - 0.31ER \times LP - 0.229CF \times DTAR + 0.563CF \times NM - 0.121DTAR \times ES - 0.125NM \times ES$$

模型 5 中（见附表 4）所有变量均通过了 t 检验，总体方程通过了 F 检验；由于 VIF < 10，说明自变量之间不存在多重共线性；时间序列变量通过了 D. W 检验，说明变量不存在序列相关。

在模型 5 中，选择主营业务收入增长率（RIR）作为因变量，对综合政策效应做了分析。从附表 4 中的计算结果可以看出，部分财务指标与因变量呈负相关，它们分别是：政策，流通股比例与股东制衡比的交叉项，资产负债率与控股股东性质、董事薪酬的交叉项，并购数量与董事薪酬的交叉项。

从这些负相关的指标中，可以观察到：第一，政策效应对于主营业务收入增长率有负面影响，表明该政策在短期并没有达到企业经济绩效的目标。第二，在流通股比例增加的前提下，股东间的制衡有利于主营业务收入的增长，提高了企业成长能力，验证了假设 3。第三，在控股股东性质转变的前提下，资产负债率的提高增加了企业风险，降低了企业的成长性；而董事的考核多以企业的收益和规模为标准，注重短期利益，忽略企业成长，所以董事薪酬激励并未带来主营业务的增长。第四，由于对董事考核标准的短期化，董事热衷于通过并购使企业快速扩张，忽视主营业务；并购活动的风险较大，占用资金较多，所以，并购数量的增加对于主营业务收入增长率有负面影响。

部分财务指标与因变量正相关，它们分别是：第一大股东持股比例与资产负债率的交叉项、控股股东性质与并购数量的交叉项。

从这些正相关的指标中：模型5与模型4表现出同样的特征，说明在控股股东性质发生变化的情况下，并购提高了企业的成长力，验证了假设9；而在"一股独大"得到改善的情况下，资产负债率的降低减少了风险，有利于企业成长，验证了假设3。

模型6：

$$PIR = 0.859 - 0.141POLICY - 0.186LP \times MP$$

模型6中（见附表4）所有变量均通过了t检验，总体方程通过了F检验；由于VIF<10，说明自变量之间不存在多重共线性；时间序列变量通过了D.W检验，说明变量不存在序列相关。

在模型6中，选择净利润增长率（PIR）作为因变量，对综合政策效应做了分析。从附表4中的计算结果可以看出，部分财务指标与因变量呈负相关，它们分别是：综合政策效应、高管持股比例与流通股比例的交叉项。

从这些负相关的指标中，可以观察到：第一，股权分置改革综合政策效应在短期内对净利润增长率造成负面影响，影响企业经济绩效。第二，在流通股比例增加的情况下，高管持股比例较低，可以降低内部人控制的可能性，促进净利润增长率的增加，保障股东和公司的利益。

对模型1—模型6进行综合分析，在股权分置改革实施和全流通的股权分置改革综合政策效应的共同作用下，从反映企业经济绩效的6个因变量来观察它们的影响因素，以及各个影响因素之间的相互作用又分别影响6个因变量的复杂因果关系，我们可以发现隐藏其中的企业财务治理结构、机制及其变化。股权分置改革作为一项重大的制度安排，在短期内对于企业的经济绩效有负面影响。频繁的投机性并购、上市时间等也会对企业运营产生不利影响。而从企业财务治理结构的角度来看，各大利益主体地位的变化反映了财务治理结构的变化，与企业经济绩效密切相关，有效的财务治理机制可以促进第一大股东、企业高管、机构投资者等发挥积极的作用。

对前面三个不同阶段分别建立的多个回归模型分析发现：至少从目前来看，股权分置改革在短期内对企业绩效和成长带来了负面效应；股权分置改革政策使得公司财务治理发生了一些变化，但若要彻底解决存在的问题，还需要进一步的改革；公司财务治理中，大股东、高管层、机构发挥了积极的作用，而债权人和独立董事并没有发挥其应有的作用。

第三节　财务治理变化假设验证

前面的描述性统计分析和多元回归分析都对上一章的假设分别进行了验证（见表5-5），其中：假设1、假设3、假设8、假设9和假设12得到了证实；假设5、假设6、假设7、假设10、假设11也在一定程度上被证实，但还有少量证据否定了这些假设；假设4比较特殊，有部分证据证实该假设，但还有部分证据证实假设的前半部分，而否定了后半部分；假设2则没有得到验证。

表5-5　　　　　　　　　　　假设验证汇总

	证实	证伪	其他	备注
假设1	2			
假设2				未验证
假设3	16			
假设4	4		4	
假设5	2	3		
假设6	2	2		
假设7	7	1		
假设8	1			
假设9	16			
假设10	2	1		
假设11	14	1		
假设12	7			

股权结构分散化的假设1、股东制衡加强的假设3得到验证说明，公司的股权结构受到股权分置改革的影响，进一步完善了财务治理结构。关

于资本结构和股利发放方式的假设 8 得到证实，说明资本结构影响公司的股利发放方式，股权分置改革的效应通过一系列传递体现在企业利润分配上。关于公司并购重组的假设 9 得到验证说明，股权分置改革的实施通过增加股票供给，改变利益实现方式，促进了股票市场的活跃，公司控制权市场得到了进一步的发展。关于其他影响管理层薪酬因素的假设 12 得到验证，一方面说明股权分置改革通过多方面影响上市公司的财务治理机制，另一方面说明非政策的外在因素也会影响股权分置改革政策发挥作用，形成路径依赖。

关于债权人治理的假设 5 同时被证实和证伪，说明随着公司绩效的改善可以提高公司的偿债能力，但债权人的利益保护还需要通过加强债权人参与财务治理予以实现。关于公司股利发放的假设 6 和假设 7 在被证实的同时，还有被否定，说明公司无论是增加现金股利，还是股票股利的发放，都是出于对大股东利益的考虑，股利分配还没有和企业业绩密切结合起来。关于并购重组的假设 10 同时被证实和证伪，说明在现阶段企业的并购重组高潮与股权分置改革政策和其他宏观经济政策的关系更为密切，受规模的影响较少。关于管理层薪酬的假设 11 在被证实的同时，有少量被否定，但并不影响验证的有效性，少量的否定更多的是由于样本中的奇异值造成的。

关于不同融资方式的假设 4 部分被证实，部分被证伪，说明上市公司倾向于负债筹资，利用债权人治理缺失，侵害债权人的利益。

关于行业与股权结构的假设 2 未被验证，说明目前"一股独大"的现象未得到根本改善的情况下，行业并不是一个影响股权结构的主要因素。另外，由于样本并不是分类随机抽样的，也可能使得行业控制变量未进入回归模型，从而导致该假设未得到验证。多数假设得到验证说明，股权分置改革对上市公司财务治理的改善起到了积极的作用；但其中被否定或未被验证的部分说明，股权分置改革依然存在不尽如人意的地方，需要进一步深化改革。

第四节　本章小结

本章使用多元回归法，分别对三个期间 2004—2006/2007 年、2007—2009 年、2004—2009 年的公司绩效成长指标与财务治理相关指标，建立了 21 个模型，深入分析股权分置改革对公司财务治理的影响，并验证了上一章的部分假设，还有部分假设未通过验证，说明从长期来看股权分置改革对公司财务治理有改善的作用，但由于政策的时滞性导致在短期内还难以显效。同时，股权分置改革中的路径依赖也阻碍了股权分置改革效应的发挥。

第六章

上市公司财务治理效率评价

通过上一章对公司财务治理相关变量的多元回归分析，我们可以发现股权分置改革对上市公司财务治理的影响。本章在此基础上，选择这些主要因素构建投入产出模型，使用数据包络分析法（Data Envelopment Analysis，以下简称 DEA 方法），计算评价公司财务治理的效率，明确影响公司绩效和成长的主要因素，以便后续有针对性地提出改善公司财务治理的对策。

第一节 DEA 方法

DEA 包含了利用数据和线性规划思想来建立一个非参数的 piece - wise 生产前沿面。效率标准可通过计算相对于前沿面的距离得到。DEA 方法是一种非参数方法，它直接使用样本数据（这里的样本就是决策单元，Decision Making Unit，以下简称 DMU），建立相应的非参数的 DEA 投入产出优化模型。当直接使用输入（Input）、输出（Output）数据建立非参数的最优化模型时，这个模型为线性规划。企业行为分析中的"信息的困难"（指不能全面了解每个企业的效益函数或生产函数）和"计算的困难"（指数据庞杂）可以通过建立具有无穷多个决策单元的 DEA 模型进行解决。

用有限数量的决策单元的输入、输出数据组成生产可能集，判断一个决策单元是否为 DEA 有效，就是看它是否落在生产可能集的前沿面上。这类似是对生产函数及其曲面的一种逼近，也是 DEA 最优化模型的理论基础。由于 DEA 模型是一个线性规划问题，利用线性规划的对偶理论研究最优化条件，可以得出与边际分析方法完全一致的结果。所以，可以说 DEA 方法并没有违反传统的投入产出模型，而是进一步的简化应用。

非参数 DEA 最优化模型研究厂商生产行为有以下的特点：

（1）直接使用决策单元的输入、输出数据，不必事先研究、分析和最终确定生产函数的形式；

（2）不用统计回归方法确定生产函数中的参数，也不用对生产函数求导进行边际分析，用线性规划的对偶理论进行最优性分析；

（3）在 DEA 模型中至少存在一个决策单元是 DEA 有效的；

（4）决策单元的 DEA 有效性与输入、输出变量的量纲选取无关；

（5）由于 DEA 模型是线性规划，通过分析计算，可以获得较多的经济信息和管理信息。

利用输入、输出数据样本建立 DEA 模型，并进行分析的过程如图 6 – 1 所示。

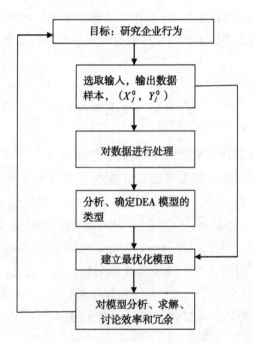

图 6 – 1　DEA 模型建立分析过程

一　技术效率和配置效率

技术效率（Technical Efficiency, TE）反映了企业在给定投入集合的情况下，获得最大产出的能力，也就是输出相对于投入而言已达到最大；或者企业在给定产出集合的情况下，投入最小的生产能力，也就是投入相对于产出而言已达到最小。在生产函数图上就是决策单元位于生产函数的曲线上。

配置效率（Allocative Efficiency，AE）反映在给定投入要素的价格和生产技术的前提下，企业以最优比例利用投入集合的能力。在生产函数图上，具有最优配置效率决策单元位于生产函数曲线的切线上。

法瑞尔（Farrell，1957）在规模报酬不变的假设下，用两种投入 X_1、X_2 和单一产出 Y 的简单例子说明了这一思想（见图 6-2）。全效率厂商的等产量线用 SS' 表示，这是技术效率标准。如果一个厂商用 P 量投入生产 1 单位产出，厂商的技术效率可以用 QP 表示。常用比率 QP/OP 代表为了达到技术效率，必须减少的投入百分比。厂商的技术效率因此常用 $TE_i = OQ/OP$ 代表。如果投入价格比例用等成本线 AA' 表示，在 P 点的配置效率可以表示为 $AE_i = OR/OQ$。如果生产发生在代表了配置效率而不是技术效率的 Q' 点，距离 RQ 就说明厂商必须减少的生产成本。总体的经济效率（Economic Efficiency，EE）可以表示为 $EE_i = OR/OP$。距离 RP 可被解释成需要减少的成本。经济效率由技术效率和配置效率共同决定：

$$TE_i \times AE_i = (OQ/OP) \times (OR/OQ) = (OR/OP) = EE_i \qquad (6-1)$$

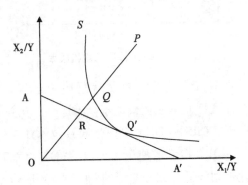

图 6-2　技术效率和配置效率

二　规模效率

规模效率（Scale Efficiency，SE）衡量投入产出的相对比。规模有效则是指投入量既不偏大，也不过小，处于规模收益不变的最佳状态，也就是决策单元位于生产函数曲线的切线上。

我们可以用图 6-3 来解释规模效率。假定规模收益可变，可以通过计算规模报酬不变（Constant Returns to Scale，CRS）和规模报酬可变

（Variable Returns to Scale，VRS）的 DEA，从而算出规模效率的值。我们可以利用从 VRS DEA 得到的值分解技术效率，分解为两部分：一是规模无效，另一部分是"纯粹"的技术无效。对于一个厂商来说，如果 CRS 和 VRS DEA 得分有差异，表明它存在规模无效，即通过计算 VRS 和 CRS 的技术效率的得分差异得到。

因为 CRSTE = AP_c/AP，VRSTE = AP_v/AP，SE = AP_c/AP_v；所以 AP_c/AP = （AP_v/AP）× （AP_c/AP_v），故而得到 CRSTE = VRSTE × SE。

因此，CRS 效率分解为"纯粹"的技术效率和规模效率。规模效率标准可被大致定义为厂商在 P_v 点的平均产出与最优点 R 产出的比例。

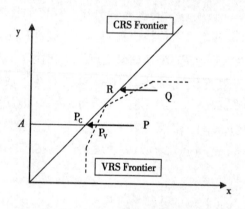

图 6 - 3　DEA 模型的规模效率

CRS 的假设只存在于所有厂商在最优规模上运行。像不完全竞争、预算约束等情况会导致厂商不能在最优规模上运行。在并非所有厂商都处于规模不变的情况下，CRS 的 DEA 模型会导致技术效率标准被规模效率（SE）干扰。VRS 的 DEA 模型的使用，可以使得在计算 TE 时避免 SE 的影响。CRS 的线性规划问题可以很容易地通过在分析 VRS 时加以凸集约束解决。

查理斯、库柏和罗兹（Charnes，Cooper and Rhodes，1978）创立了一个投入导向的 CRS 模型。后来一系列论文讨论了各种可能的假设，如班克、查理斯和库柏（Banker，Charnes and Cooper）又建立了可变收益（VRS）的 DEA 模型。在多投入和多产出的情况下，一个厂商希望得到总产出与总投入的比例，两个矩阵之比是一个权数，它若等于 1 表明这是一个规模收益不变的模型，大于 1 就是一个可变规模收益模型。

三 投入导向性和产出导向性

投入导向性（Iutput – Orientated Measure）的技术效率标准强调在产出量保持不变的前提下，投入量如何才能成比例地减少；而从另一个角度看，产出导向性（Output – Orientated Measure）的技术效率标准强调在投入量保持不变的前提下，产出量如何成比例地扩张。在规模收益不变的情况下，两者是等价的标准，即 $AB/AP = CP/CD$（见图 6 – 4）。而在例如规模收益递减的情况下，两者不相等。设生产函数为 f（x），如果一个厂商在低于该函数的一点 P 生产，法瑞尔 Farrell 投入导向的技术效率标准等于 AB/AP，产出导向的技术效率标准等于 CP/CD。$AB/AP \neq CP/CD$。

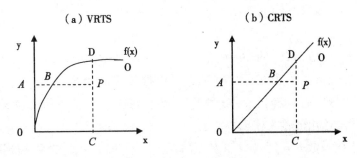

图 6 – 4 规模报酬可变和规模报酬不变的生产函数

第二节 构建财务治理投入产出模型

设有 n 个决策单元，它们之间具有可比性。所有的决策单元都有 m 种投入（指决策单元对资源的耗费）和 s 种产出（指决策单元"成效"的一些指标）。这里对投入产出的基本原则是：投入越少越好，而产出越多越好。各决策单元的投入产出数据以矩阵的形式给出（见表 6 – 1）。

表 6 – 1 中的决策单元 j 记为 DMU_j，$1 \leqslant j \leqslant n$，$j = 1, 2, \cdots, n$；

x_{ij} 为 DMU_j 对第 i 种要素的投入量，$x_{ij} > 0$；

y_{rj} 为 DMU_j 对第 r 种产出的输出量，$y_{rj} > 0$；

a_i 是对第 i 种输入的权系数，$i = 1, 2, \cdots, m$；

b_r 是对第 r 种输出的权系数，$r = 1, 2, \cdots, s$。

把上述各变量简化为向量形式

$$X_j = (x_{1j}, x_{2j}, \cdots, x_{mj})^T, \quad j = 1, 2, \cdots, n$$

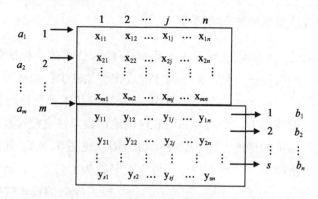

表 6-1　投入产出矩阵

$$Y_j = (y_{1j}, y_{2j}, \cdots, y_{mj})^T, j = 1, 2, \cdots, n$$

$$a = (a_1, a_2, \cdots, a_m)^T, b = (b_1, b_2, \cdots, b_m)^T$$

其中：X_j 是 DMU_j 的输入向量，Y_j 是 DMU_j 的输出向量，$j = 1, 2, \cdots,$ n，投入产出数据均为实际已知值，可以根据需要处理，但一定是非负数；a 和 b 分别为 m 种投入和 s 种输出对应的权向量，为变量，表 6-1 是以向量形式给出的输入输出数据表。

对于权系数 $a \in E^m$ 和 $b \in E^s$，DMU_j（$1 \leqslant j \leqslant n$）的效率评价指数为

$$f_j = \frac{b^T Y_j}{a^T X_j}, j = 1, 2, \cdots, n \qquad (6-2)$$

选取适当的权数 a 和 b，使得 $f_j \leqslant 1$，$j = 1, 2, \cdots, n$。

效率评价指数 f_j 指在既定的权数 a、b 之下，投入为 $a^T X_j$，产出为 $b^T Y_j$，的投入产出之比。当 $f_j = 1$ 时，则认为 DMU_j 效率最优；当 $f_j < 1$ 时，则认为 DMU_j 的效率未达到最优，还有提高的余地。

对 DMU_{j0} 的效率进行计算评价，要建立以 DMU_{j0} 的效率评价指数作为目标函数，以所有的决策单元（$j = 1, 2, \cdots, n$）的效率指数（包括 DMU_{j0}）

$$f_j = \frac{b^T Y_j}{a^T X_j} \leqslant 1, j = 1, 2, \cdots, n \qquad (6-3)$$

为约束的分式规划问题，这就是 DEA 的 C^2R 模型（C^2R 是 Charnes、Cooper 和 Rhodes 三位作者名字的第一个英文字母缩写）

$$
\begin{cases}
\max \dfrac{b^T Y_0}{a^T X_0} = V_P \\[3mm]
\dfrac{b^T Y_j}{a^T X_j} \leqslant 1, j = 1, \cdots, n \\[3mm]
a \geqslant 0, b \geqslant 0
\end{cases}
\qquad (6-4)
$$

在上一章多元回归分析的基础上选择建立 DEA 模型的投入产出变量，剔除了部分与自变量相关性不强的因变量，选择了 4 个因变量作为输出量，分别为总资产收益率（ROA）、净资产收益率（ROE）、总资产增长率（AIR）、主营业务收入增长率（RIR）；同时，对自变量中相关性较强的变量予以剔除，保留了 10 个自变量作为投入量，分别是第一大股东持股比例（Fshare）、机构持股比例（JP）、股东制衡比（ER）、流通股比例（LP）、资产负债率（DTAR）、每股股票股利（SDPS）、并购金额（AM）、高管薪酬（SM）、高管持股比例（MP）、独立董事人数（NIE）（见表5-1）。

由于 4 个输出量之间有较强的相关性，根据它们之间相互关系，分为两组 ROA 和 AIR、ROE 和 RIR，建立了 2 个 DEA 模型。模型 1 的输出量为 ROA 和 AIR 的 DEA 模型，从公司全体利益相关者的角度分析公司的财务治理效率；模型 2 输出量为 ROE 和 RIR 的 DEA 模型，则从股东的角度分析公司的财务治理效率。

在现实的公司生产经营中，受公司财务治理等各因素影响，规模报酬是可变的，所以，要选择规模报酬可变（VRS）的 DEA 模型。同时，计算出规模报酬不变（CRS）的 DEA 技术效率，把规模报酬不变的 DEA 技术效率（Constant Returns to Scale Technical Efficiency，CRSTE）与规模报酬可变的 DEA 技术效率（Variable Returns to Scale Technical Efficiency，VRSTE）相比，

$$
SE = CRSTE/VRSTE \qquad (6-5)
$$

即可以得到规模效率（SE）。

另外，为了剔除规模效率，要在保持投入不变的情况下研究规模收益，所以，选择产出导向型（Output - Orientated Measure）的 DEA 模型。

第三节　财务治理数据分析计量

选择上一章进行多元回归分析的 70 个公司作为决策单元，并使用相

关数据作为投入产出量。同时，构造了一个虚拟决策单元 U，其投入量取上述 70 个决策单元的最大值，产出量则取上述 70 个决策单元的最小值，这使得 U 成为效率最低的决策单元。通过对 71 个决策单元的投入产出量的对比，求出每个决策单元的相对效率，并进行排序。将排序结果与投入产出的冗余结合进行分析，发现影响财务治理效率的因素，进而通过公司财务治理的改进提高效率。

71 个决策单元、4 个输出变量、10 个投入变量、6 期（从 2004 年到 2009 年）的投入产出数值，总计 5964 个数据，共同构成了一套面板数据。为了避免不同变量间数据差异过大，影响效率分析结果，对投入产出变量进行了一系列的处理。首先，对所有的变量进行了标准化处理；其次，对标准化后的数据又进行了指数化处理，确保投入产出数据的非负。其中，由于 ER 是个逆指标，在对它进行标准化处理之前，又进行了取倒数处理，保证所有的变量都为正指标。另外，对于 NIE 变量，未进行上述处理，依然是原始数据。根据 DEA 方法的特点，输入和输出变量的量纲选取与 DEA 有效性无关，所以，上述的一系列数据处理并不会影响最终的效率评价。

本研究使用 DEAP 软件对上面建立的 DEA 模型进行计算，得到两个 DEA 模型的分析结果。对规模报酬不变的技术效率（CRSTE）、规模报酬可变的技术效率（VRSTE）效率和规模效率（SE）进行排序，分别得到各自的排序 Order1、Order2 和 Order3，对分析结果汇总，得到表 6 - 2 和表 6 - 3。

表 6 - 2　　　　　　　　　模型 1 的效率分析结果汇总

Firm	CRSTE	VRSTE	SE	Order1	Order2	Order3	SCALE
1	1	1	1	1	1	1	-
2	0.954	0.984	0.969	9	3	8	irs
3	1	1	1	1	1	1	-
4	0.942	1	0.942	13	1	16	irs
5	1	1	1	1	1	1	-
6	0.942	1	0.942	13	1	16	irs
7	0.949	0.95	1	10	9	1	-
8	0.883	1	0.883	27	1	27	irs
9	0.905	0.938	0.965	23	10	11	irs

续表

Firm	CRSTE	VRSTE	SE	Order1	Order2	Order3	SCALE
10	1	1	1	1	1	1	–
11	1	1	1	1	1	1	–
12	1	1	1	1	1	1	–
13	0.943	1	0.943	12	1	15	irs
14	1	1	1	1	1	1	–
15	0.967	1	0.967	5	1	9	irs
16	1	1	1	1	1	1	–
17	1	1	1	1	1	1	–
18	0.958	1	0.958	8	1	13	irs
19	0.777	0.975	0.798	36	4	35	irs
20	1	1	1	1	1	1	–
21	0.934	1	0.934	16	1	20	irs
22	1	1	1	1	1	1	–
23	0.974	0.974	1	4	5	1	–
24	0.87	1	0.87	32	1	31	irs
25	1	1	1	1	1	1	–
26	0.924	1	0.924	19	1	23	irs
27	0.932	1	0.932	17	1	21	irs
28	0.873	1	0.873	30	1	30	irs
29	0.863	1	0.863	34	1	33	irs
30	0.943	1	0.943	12	1	15	irs
31	1	1	1	1	1	1	–
32	1	1	1	1	1	1	–
33	0.966	1	0.966	6	1	10	irs
34	1	1	1	1	1	1	–
35	1	1	1	1	1	1	–
36	1	1	1	1	1	1	–
37	1	1	1	1	1	1	–
38	0.941	1	0.941	14	1	17	irs
39	0.881	1	0.881	28	1	28	irs
40	0.732	0.847	0.864	37	13	32	irs
41	0.868	0.872	0.995	33	12	2	irs

续表

Firm	CRSTE	VRSTE	SE	Order1	Order2	Order3	SCALE
42	0.908	1	0.908	22	1	25	irs
43	1	1	1	1	1	1	–
44	0.92	0.953	0.965	20	8	11	irs
45	0.984	1	0.984	3	1	6	irs
46	0.883	1	0.883	27	1	27	irs
47	0.872	0.999	0.873	31	2	30	irs
48	1	1	1	1	1	1	–
49	0.893	0.905	0.988	25	11	4	irs
50	1	1	1	1	1	1	–
51	0.948	1	0.948	11	1	14	irs
52	1	1	1	1	1	1	–
53	0.91	1	0.91	21	1	24	irs
54	0.987	1	0.987	2	1	5	irs
55	0.825	1	0.825	35	1	34	irs
56	1	1	1	1	1	1	–
57	1	1	1	1	1	1	–
58	0.877	1	0.877	29	1	29	irs
59	0.889	1	0.889	26	1	26	irs
60	0.937	1	0.937	15	1	18	irs
61	0.964	0.971	0.993	7	6	3	irs
62	1	1	1	1	1	1	–
63	0.987	1	0.987	2	1	5	irs
64	0.894	0.954	0.936	24	7	19	irs
65	0.974	1	0.974	4	1	7	irs
66	0.928	1	0.928	18	1	22	irs
67	1	1	1	1	1	1	–
68	1	1	1	1	1	1	–
69	1	1	1	1	1	1	–
70	0.943	1	0.943	12	1	15	irs
71	0.517	0.538	0.96	38	14	12	drs
平均值	0.943	0.984	0.958				

注：① 模型 1 的输出变量为 ROA 和 AIR。

② SE 在这里表示规模报酬情况，其中："－"表示规模报酬不变，"irs"表示规模报酬递增，"drs"表示规模报酬递减。

表 6 – 3   模型 2 的效率分析结果汇总

Firm	CRSTE	VRSTE	SE	Order1	Order2	Order3	SCALE
1	0.903	0.934	0.966	32	11	17	irs
2	0.963	0.967	0.996	15	7	3	irs
3	1	1	1	1	1	1	–
4	0.972	1	0.972	11	1	15	irs
5	0.974	0.981	0.993	10	4	44	irs
6	0.984	1	0.984	7	1	10	irs
7	0.965	0.968	0.996	14	6	3	irs
8	0.966	1	0.966	13	1	17	irs
9	0.896	0.942	0.951	34	10	21	irs
10	1	1	1	1	1	1	–
11	1	1	1	1	1	1	–
12	1	1	1	1	1	1	–
13	0.98	1	0.98	8	1	12	irs
14	1	1	1	1	1	1	–
15	0.996	1	0.996	2	1	3	irs
16	1	1	1	1	1	1	–
17	1	1	1	1	1	1	–
18	1	1	1	1	1	1	–
19	0.949	1	0.949	18	1	22	irs
20	1	1	1	1	1	1	–
21	0.96	1	0.96	16	1	20	irs
22	1	1	1	1	1	1	–
23	0.932	0.932	1	23	13	1	irs
24	0.907	1	0.907	30	1	30	irs
25	1	1	1	1	1	1	–
26	0.992	1	0.992	3	1	5	irs
27	0.98	1	0.98	8	1	12	irs
28	0.906	1	0.906	31	1	31	irs
29	0.918	1	0.918	26	1	27	irs
30	1	1	1	1	1	1	–
31	1	1	1	1	1	1	–
32	1	1	1	1	1	1	–

Firm	CRSTE	VRSTE	SE	Order1	Order2	Order3	SCALE
33	0.988	1	0.988	4	1	6	irs
34	0.965	1	0.965	14	1	18	irs
35	1	1	1	1	1	1	–
36	1	1	1	1	1	1	–
37	1	1	1	1	1	1	–
38	0.979	1	0.979	9	1	13	irs
39	1	1	1	1	1	1	–
40	0.901	0.933	0.966	33	12	17	irs
41	0.92	0.92	1	26	14	1	irs
42	0.985	1	0.985	6	1	9	irs
43	1	1	1	1	1	1	–
44	0.932	0.946	0.985	23	9	9	irs
45	1	1	1	1	1	1	–
46	0.866	1	0.866	35	1	32	irs
47	0.972	1	0.972	11	1	15	irs
48	1	1	1	1	1	1	–
49	0.916	0.916	1	28	15	1	irs
50	0.984	0.985	0.999	7	2	2	irs
51	0.987	1	0.987	5	1	7	irs
52	1	1	1	1	1	1	–
53	0.952	0.983	0.969	17	3	16	irs
54	1	1	1	1	1	1	irs
55	0.909	1	0.909	29	1	29	irs
56	1	1	1	1	1	1	–
57	1	1	1	1	1	1	–
58	0.936	1	0.936	22	1	26	irs
59	0.917	1	0.917	27	1	28	irs
60	0.945	1	0.945	20	1	24	irs
61	0.968	0.981	0.986	12	4	8	irs
62	1	1	1	1	1	1	–
63	1	1	1	1	1	1	–
64	0.926	0.964	0.961	24	8	19	irs

续表

Firm	CRSTE	VRSTE	SE	Order1	Order2	Order3	SCALE
65	0.961	0.98	0.981	15	5	11	irs
66	0.948	1	0.948	19	1	23	irs
67	1	1	1	1	1	1	−
68	0.943	1	0.943	21	1	25	irs
69	1	1	1	1	1	1	−
70	1	1	1	1	1	1	−
71	0.586	0.6	0.977	36	16	14	drs
平均值	0.965	0.985	0.980				

注：① 模型 2 的输出变量为 ROE 和 RIR。

② SE 在这里表示规模报酬情况，其中："－"表示规模报酬不变，"irs"表示规模报酬递增，"drs"表示规模报酬递减。

第四节 财务治理效率及冗余分析

一 财务治理效率评价

根据前面的理论分析，CRSTE 有效表明决策单元具有经济效率，而经济效率由技术效率和配置效率构成，VRSTE 衡量决策单元的既定产出下的最小投入，是纯技术效率；SE 则衡量投入资源的最优配比，是配置效率。任何一个决策单元只有同时具备 VRSTE 有效和 SE 有效，才能达到 CRSTE 有效。

模型 1 以 ROA 和 AIR 为输出变量，主要衡量公司整体的财务治理效率。在模型 1 中，总共 71 个决策单元，其中 28 个决策单元的 CRSTE 有效，58 个决策单元 VRSTE 有效，SE 有效的有 30 个。28 个 CRSTE 有效的决策单元，必定同时具备 VRSTE 有效和 SE 有效，而且规模报酬不变。58 个 VRSTE 有效的决策单元，除去前面的 28 个，剩余 30 个决策单元具有纯技术效率，但由于投入要素配置的不合理，未达到规模效率；可以通过调整投入要素提高规模效率，实现整体的经济效率，故这 30 个决策单元规模报酬递增。30 个 SE 有效的决策单元，除去前面的 28 个，其余 2 个决策单元既不是 CRSTE 有效，也不是 VRSTE 有效，由于技术无效导致经济无效，但资源的配置依然可以达到最优。

模型 1 以 ROE 的 RIR 为输出变量，主要衡量股东财务治理效率。在模型 2 中，总共 71 个决策单元，其中 30 个决策单元的 CRSTE 有效，55 个决策单元 VRSTE 有效，SE 有效的有 33 个。30 个 CRSTE 有效的决策单元，必定同时具备 VRSTE 有效和 SE 有效，而且规模报酬不变。55 个 VRSTE 有效的决策单元，除去前面的 30 个，剩余 25 个决策单元具有纯技术效率，但由于投入要素配置的不合理，未达到规模效率；可以通过调整投入要素提高规模效率，实现整体的经济效率，故这 25 个决策单元规模报酬递增。33 个 SE 有效的决策单元，除去前面的 30 个，剩余 3 个决策单元既不是 CRSTE 有效，也不是 VRSTE 有效，由于技术无效导致经济无效，但资源的配置依然可以达到最优。

对比两个模型的效率平均值，发现无论是哪一个效率指标，模型 2 的都要大于模型 1 的值，说明股东财务治理要比总体公司财务治理更有效，在公司财务治理中股东财务治理居于主导地位，缺乏债权人财务治理。同时，模型 1 和模型 2 也具有很多相似之处，VRSTE 的均值都大于 SE 的均值，说明多数企业可以通过控制财务治理的要素投入产出，达到技术效率；但依然存在资源配置不合理的情况，导致配置效率低下，最终影响经济效率。大量的公司财务治理低效率甚至无效，并不是由于投入不足，更多的是投入要素配比不合理，而且缺乏相应的机制保障。

二　财务治理冗余分析

在决策单元效率不是最优时，意味着在特定投入下产出不足，或者特定产出下投入过量，反映纯技术效率不足。松弛变量就是用来衡量这些情况的，产出不足被称为产出松弛（Output Slack），投入过量则被称为投入松弛（Iutput Slack）或者冗余。

由于本研究建立的是投入导向型 DEA 模型，任何无效的决策单元，在 10 个投入变量中必定有某些变量存在冗余，通过分析这些存在冗余的投入，就可以发现影响公司财务治理的主要因素。

在进行冗余分析之前，我们要先分析第 71 个虚拟决策单元。为了让所有的决策单元有一个统一的比较标准，以所有决策单元的最大投入和最小产出设定了第 71 个决策单元。据此可以看出，第 71 个决策单元必定是效率最低的，投入远远超过实际需要，以致边际效用递减，所以规模报酬递减。后面的冗余分析我们将剔除第 71 个决策单元的冗余，避免影响分析结果。

在模型 1 中（见附表 5），70 个实际决策单元，除去 58 个 VRSTE 有效的，剩余 12 个技术无效，存在冗余。12 个决策单元对于 10 个投入变量共有 65 项冗余，其中有 5 个决策单元在投入量 Fshare 上有冗余，10 个决策单元在投入量 JP 上有冗余，6 个决策单元在投入量 ER 上有冗余，7 个决策单元在投入量 LP 上有冗余，9 个决策单元在投入量 DTAR 上有冗余，3 个决策单元在投入量 SDPS 上有冗余，9 个决策单元在投入量 AM 上有冗余，6 个决策单元在投入量 SM 上有冗余，3 个决策单元在投入量 MP 上有冗余，7 个决策单元在投入量 NIE 上有冗余。

首先，从公司的角度来看，财务治理效率受股权结构影响最大，其中机构持股、第一大股东持股、流通股比例和股权制衡等是主要因素，说明随着流通股比例的提高，机构持股的比例较低，"一股独大"的现象未得到彻底的改变，从而没有达到股权制衡，股权结构不合理导致财务治理结构不完善。其次，公司财务治理受资本结构影响较大，其中资产负债率是主要因素，说明公司资产负债率过高，公司财务风险加大，而为公司提供大量发展资金的债权人却并不参与公司财务治理，债权人财务治理缺失，资本结构不合理导致财务治理结构不完善。最后，公司财务治理也受激励约束机制的影响，其中并购、独立董事和高管薪酬是主要因素，说明控制权市场不发达导致并购不能成为对高管的有效约束，而独立董事制度也没有起到相应的约束作用，同时，薪酬设计不合理导致高管薪酬未起到应有的激励作用，激励约束机制的不完善导致公司财务治理机制存在缺陷。此外，股票股利和高管持股也对公司财务治理有一定的影响。

在模型 2 中（见附表 6），70 个实际决策单元，除去 55 个 VRSTE 有效的，剩余 15 个技术无效，存在冗余。15 个决策单元对于 10 个投入变量共有 72 项冗余，其中有 7 个决策单元在投入量 Fshare 上有冗余，12 个决策单元在投入量 JP 上有冗余，4 个决策单元在投入量 ER 上有冗余，11 个决策单元在投入量 LP 上有冗余，13 个决策单元在投入量 DTAR 上有冗余，4 个决策单元在投入量 SDPS 上有冗余，8 个决策单元在投入量 AM 上有冗余，5 个决策单元在投入量 SM 上有冗余，4 个决策单元在投入量 MP 上有冗余，4 个决策单元在投入量 NIE 上有冗余。

首先，从股东的角度来看，财务治理效率受资本结构影响最大，其中资产负债率是主要因素，说明公司资产负债率过高，使得股东的投资风险加大，而债权人财务治理缺失会进一步加大风险，资本结构不合理导致财务治理结构不完善。其次，公司财务治理受股权结构影响较大，其中机构持股、第一大股东持股、流通股比例等是主要因素，说明随着流通股比例的提高，机构持股的比例较低，"一股独大"的现象未得到彻底的改变，股权结构不合理导致财务治理结构不完善。最后，公司财务治理也受激励约束机制的影响，其中并购、高管薪酬和独立董事是主要因素，说明控制权市场不发达导致并购不能成为对高管的有效约束，而独立董事制度也没有起到相应的约束作用，同时，薪酬设计不合理导致高管薪酬未起到应有的激励作用，激励约束机制的不完善导致公司财务治理机制存在缺陷。

综合模型 1 和模型 2，发现不论是对公司，还是对股东而言，下面几个因素都是影响财务治理的主要因素：（1）机构持股；（2）第一大股东持股；（3）债权人治理；（4）高管薪酬；（5）独立董事制度。它们分别从财务治理结构、财务治理机制等方面影响财务治理效率，所以，应成为公司改善财务治理的着手点。

第五节　本章小结

本章简单评述了 DEA 方法的基本原理和效率的相关概念，区分了CRS 和 VRS 的 DEA 模型，说明了投入导向型和产出导向型的 DEA 模型的特点。利用上一章的多元回归分析数据，建立 DEA 模型，评价公司财务治理效率的状况，分析其中的主要影响因素，为随后制定提高财务效率的政策奠定基础。

第七章

股权分置改革影响下的财务治理与企业战略转型

2010 年的哥本哈根国际气候大会，为企业的发展模式和社会责任施加了约束条件。对于中国企业来说，2020 年以前，要求我国单位 GDP 碳排放量要比目前下降 40% 左右，这一目标首先作用于对环境危害最大的企业。减少环境污染，承担社会责任，是实现企业战略目标——利益相关者利益最大化的必然途径。本章运用灰色关联数学模型分析公司财务治理与外部经济自然环境的相互关系，发现企业战略转型对财务治理的影响因素，以期改善上市公司的财务治理。

第一节　灰色关联数学模型法

灰色关联数学模型分析方法是对某一个系统动态发展状态的比较分析。灰色关联度是对两个或多个系统因素关联性程度的衡量。我们用它描述系统发展变化过程中各个因素之间相对变化的程度，比较适合对系统动态演进的关联分析。灰色关联数学模型分析的基本方法可以表述为：根据样本数据所具有的时间或者空间排列规律，我们对其进行数学曲线形状的相似性比较，从而判断各因素之间的联系密切程度及其大小。数学曲线关联度越接近，说明相对应序列之间的关联度比较高；相反，各因素之间关联度就较低。我们通过对关联度进行排序，就可以发现影响变量发展状态的主要因素。

第一，选择反映系统状态行为特征的样本数据序列。我们用映射量间接表示系统行为，从而确定参照样本系统数列 $X_0(k)$，$k = 1,2,\ldots,n$ 与对照系统数列 $X_i(k)$，$k = 1,2,\ldots,n; i = 1,2,\ldots,m$。

第二，对数据做无量纲化处理。数据处理方法分为：初值化处理与均值化处理。初值化处理可以表示为：对每列数据用第一个数去除所有数据，得到一个全新的数列。均值化处理的步骤为：用平均数去除一个数列的其他所有数据，得到一个新数列。两种方法的处理结果都可以去除数列的单位，使数据具有共同起点以及无量纲的特点。

第三，计算关联系数。如果令原始数列经过变换后的母序列为 X_0，子序列为 $X_i, i = 1,2,\ldots,n$，且 $X_0 = (X_0(1), X_0(2), \ldots, X_0(n))$，$X_i = (X_i(1), X_i(2), \ldots, X_i(n))$，

则称

$$\xi_{0i}(k) = \frac{\min\limits_{i}\min\limits_{k}|x_0(k) - x_i(k)| + \rho\max\limits_{i}\max\limits_{k}|x_0(k) - x_i(k)|}{|x_0(k) - x_i(k)| + \rho\max\limits_{i}\max\limits_{k}|x_0(k) - x_i(k)|}$$
$$(i = 1,2,\ldots m; k = 1,2,\ldots,n) \tag{7-1}$$

为曲线 x_0 与 x_i 在第 k 点的相对关联系数。其中 ρ 为分辨系数，取值在 0 到 1 之间，通常取 0.5。

第四，计算关联度。比较行列的关联度用可以用两个序列各个时刻的关联系数的均值来表示，并排出关联序。

第二节　公司财务治理及外部环境变量的选择

本部分主要研究股权分置改革影响下的公司财务治理与外部环境的相互影响关系，所以要选择有关财务治理的变量和外部环境的变量。

对于公司财务治理，主要选择了衡量企业绩效和成长的三个指标：总资产收益率、净资产收益率和总资产增长率。如前所述，总资产收益率主要衡量公司投入总资产的回报率，其中既考虑了股东的利益，也考虑了债权人和管理者的利益。净资产收益率主要是衡量股东投入资本的回报率。总资产增长率则主要考虑公司资产规模的扩张情况，代表公司的长远发展。三个指标分别从不同的角度衡量了公司财务治理的效果。

对于外部环境，则选了代表地方经济和资源环境的三个指标：地区GDP、能源消耗量、三废排放量。GDP 指标虽然屡遭诟病，但在实际中，由于它的计算标准规范，具有可比性，所以，这里依然选用地区 GDP 作为衡量地方经济的指标。能源消耗量以地区当年对石油、天然气和煤炭的消费量（对石油、天气的耗用都转化为万吨标准煤加总），衡量该地区的能源投入。三废排放量以地区当年废水、废气和固体废弃物的排放量

（对废水、废气的排放都转化为万吨予以加总），衡量该地区的环境质量。

除了上述变量以外，在这里还设定了一个重要的分组变量——地区。由于各地区发展的不均衡，对全国总体的比较分析，就会掩盖一些问题。所以，这里采用前面第五章的地区分类标准，根据经济发展状况将全国划分为东部、中部和西部三个地区，分别建立这三个地区的灰色关联模型，分析该地区上市公司的财务治理与外部环境的相关性。

关于灰色关联分析的各变量，参见表7-1。

表7-1　　　　　　　　灰色关联分析变量定义

类别	符号	名称	计量
公司财务治理 X_0	ROA	总资产收益率	当年净利润/年末总资产
	ROE	净资产收益率	当年净利润/年末净资产
	AIR	总资产增长率	期末总资产/期初总资产 -1
外部环境 X_1	GDP	地区经济	地区 GDP
	EC	能源消耗量	地区石油、天然气、煤炭的消费量
	WE	三废排放量	地区废水、废气和固体废弃物的排放量
分组变量	AREA	地区	东部地区为1，中部地区为2，西部地区为3

第三节　建立财务治理与外部环境关联模型

为了计算关联系数，必须要构造两个数列作为参考数列和比较数列。这里以2004—2009年公司治理的三个指标的数据建立参考数列 X_0，以2004—2009年外部环境的三个指标的数据建立比较数列 X_1。

对前面第五章选择的70个上市公司进行分析，发现其中有48家在东部地区，16家在中部地区，只有6家在西部地区。样本的规模与地区规模并不配比，为了避免出现计量误差，对每个地区的样本数据进行平均，以平均数作为计算灰色关联关系的初始数据。

同时，由于前面我们已经对数据进行了地区的分类处理，所以，我们要分别针对东部地区、中部地区和西部地区建立三个灰色数学关联模型。

首先，要对数据进行无量纲化处理。这里选择初值化处理方法，以2009年的数据为初值，分别去除其他各年的数据，得到表7-2、表7-3和表7-4。

表7-2　　　　　　东部地区上市公司财务治理与外部环境数据初值

年份	总资产收益率（%）	净资产收益率（%）	总资产增长率（%）	GDP（亿元）	能源消耗总量（万吨标准煤）	三废排放量（万吨）
2004	1.07	1.07	1.77	0.45	0.65	0.88
2005	0.95	0.97	0.81	0.56	0.75	1.01
2006	0.90	0.89	1.10	0.65	0.82	1.02
2007	0.90	0.79	1.56	0.78	0.90	1.04
2008	0.86	0.84	0.69	0.92	0.95	1.02
2009	1.00	1.00	1.00	1.00	1.00	1.00

表7-3　　　　　　　中部地区财务治理与外部环境数据初值

年份	总资产收益率（%）	净资产收益率（%）	总资产增长率（%）	GDP（亿元）	能源消耗总量（万吨标准煤）	三废排放量（万吨）
2004	1.02	1.11	2.73	0.45	0.66	0.89
2005	0.82	0.98	0.74	0.53	0.74	0.90
2006	0.91	1.03	0.80	0.62	0.81	0.93
2007	0.98	1.10	1.29	0.75	0.91	0.98
2008	0.98	1.09	0.54	0.91	0.95	0.97
2009	1.00	1.00	1.00	1.00	1.00	1.00

表7-4　　　　　　　西部地区财务治理与外部环境数据初值

年份	总资产收益率（%）	净资产收益率（%）	总资产增长率（%）	GDP（亿元）	能源消耗总量（万吨标准煤）	三废排放量（万吨）
2004	2.54	2.76	7.89	0.41	0.62	0.84
2005	2.21	2.46	4.48	0.51	0.71	0.92
2006	1.09	1.10	5.87	0.60	0.78	0.92
2007	2.09	2.27	5.02	0.73	0.87	1.02
2008	0.99	1.07	0.80	0.90	0.93	1.04
2009	1.00	1.00	1.00	1.00	1.00	1.00

其次，进行差分处理。企业财务治理为 X_0，地区 GDP、能源消耗量、三废排放量依次为 X_1、X_2、X_3，计算对应的数列差，得到表7-5、表7-6、表7-7。

表 7 - 5　　　　　东部地区对应数列差分后财务治理与外部环境数据

年份	2004	2005	2006	2007	2008	2009
总资产收益率与外部环境数据						
$\mid X_0 (k) - X_1 (k) \mid$	0.61*	0.39	0.25	0.12	0.06	0.00*
$\mid X_0 (k) - X_2 (k) \mid$	0.42	0.20	0.08	0.00	0.09	0.00*
$\mid X_0 (k) - X_3 (k) \mid$	0.19	0.06	0.11	0.14	0.16	0.00*
净资产收益率与外部环境数据						
$\mid X_0 (k) - X_1 (k) \mid$	0.61*	0.41	0.24	0.01	0.08	0.00*
$\mid X_0 (k) - X_2 (k) \mid$	0.42	0.11	0.07	0.11	0.11	0.00*
$\mid X_0 (k) - X_3 (k) \mid$	0.19	0.04	0.13	0.25	0.18	0.00*
总资产增长率与外部环境数据						
$\mid X_0 (k) - X_1 (k) \mid$	1.32*	0.25	0.45	0.78	0.23	0.00*
$\mid X_0 (k) - X_2 (k) \mid$	1.12	0.07	0.28	0.66	0.26	0.00*
$\mid X_0 (k) - X_3 (k) \mid$	0.89	0.19	0.08	0.52	0.33	0.00*

注：带 * 的值为表中的最大值和最小值。

表 7 - 6　　　　　中部地区对应数列差分后财务治理与外部环境数据

年份	2004	2005	2006	2007	2008	2009
总资产收益率与外部环境数据						
$\mid X_0 (k) - X_1 (k) \mid$	0.56*	0.29	0.29	0.23	0.07	0.00*
$\mid X_0 (k) - X_2 (k) \mid$	0.36	0.09	0.10	0.07	0.03	0.00*
$\mid X_0 (k) - X_3 (k) \mid$	0.13	0.07	0.02	0.00	0.01	0.00*
总资产收益率与外部环境数据						
$\mid X_0 (k) - X_1 (k) \mid$	0.66*	0.45	0.42	0.35	0.18	0.00*
$\mid X_0 (k) - X_2 (k) \mid$	0.45	0.25	0.23	0.20	0.14	0.00*
$\mid X_0 (k) - X_3 (k) \mid$	0.23	0.08	0.10	0.13	0.12	0.00*
总资产增长率与外部环境数据						
$\mid X_0 (k) - X_1 (k) \mid$	2.28*	0.21	0.19	0.54	0.37	0.00*
$\mid X_0 (k) - X_2 (k) \mid$	2.07	0.01	0.00	0.38	0.42	0.00*
$\mid X_0 (k) - X_3 (k) \mid$	1.85	0.16	0.13	0.31	0.43	0.00*

注：带 * 的值为表中的最大值和最小值。

表7-7　　　　　西部地区对应数列差分后财务治理与外部环境数据

年份	2004	2005	2006	2007	2008	2009
总资产收益率与外部环境数据						
$\lvert X_0(k) - X_1(k) \rvert$	2.13*	1.70	0.49	1.35	0.08	0.00*
$\lvert X_0(k) - X_2(k) \rvert$	1.92	1.50	0.31	1.22	0.05	0.00*
$\lvert X_0(k) - X_3(k) \rvert$	1.70	1.29	0.18	1.07	0.05	0.00*
总资产收益率与外部环境数据						
$\lvert X_0(k) - X_1(k) \rvert$	2.35*	1.95	0.50	1.53	0.16	0.00*
$\lvert X_0(k) - X_2(k) \rvert$	2.14	1.75	0.32	1.40	0.13	0.00*
$\lvert X_0(k) - X_3(k) \rvert$	1.91	1.54	0.18	1.25	0.02	0.00*
总资产增长率与外部环境数据						
$\lvert X_0(k) - X_1(k) \rvert$	7.48*	3.97	5.27	4.29	0.11	0.00*
$\lvert X_0(k) - X_2(k) \rvert$	7.27	3.77	5.09	4.15	0.13	0.00*
$\lvert X_0(k) - X_3(k) \rvert$	7.05	3.56	4.95	4.00	0.24	0.00*

注：带*的值为表中的最大值和最小值。

最后，计算关联系数。分别找出每个差分表中的最大值、最小值，取$\rho = 0.5$，代入公式（7-1），计算关联系数。

第四节　财务治理变化与企业战略转型的互动分析

对不同地区上市公司财务治理与外部环境指标间的关联系数，分别进行分析，发现两者之间的关系。

一　东部地区上市公司财务治理与外部环境的灰色关联分析

对于东部地区上市公司与外部环境关联系数的分析，一方面，分析不同指标间关联系数的均值，掌握它们的总体状态；另一方面，分析指标间关联系数的发展趋势，寻找影响因素（见表7-8）。

表7-8　　　　　东部地区公司财务治理与外部环境关联系数

年份	2004	2005	2006	2007	2008	2009	均值
总资产收益率与外部环境数据							
地区 GDP	0.64	0.73	0.81	0.90	0.95	1.00	0.84
能源消耗	0.72	0.84	0.93	1.00	0.92	1.00	0.90
三废排放	0.85	0.95	0.91	0.88	0.87	1.00	0.91

年份	2004	2005	2006	2007	2008	2009	均值
净资产收益率与外部环境数据							
地区 GDP	0.64	0.72	0.82	0.99	0.93	1.00	0.85
能源消耗	0.72	0.91	0.94	0.91	0.91	1.00	0.90
三废排放	0.85	0.96	0.89	0.81	0.86	1.00	0.89
总资产增长率与外部环境数据							
地区 GDP	0.45	0.81	0.70	0.58	0.82	1.00	0.73
能源消耗	0.49	0.94	0.79	0.62	0.80	1.00	0.77
三废排放	0.54	0.85	0.93	0.67	0.76	1.00	0.79

（一）均值分析

2004—2009 年，总资产收益率与地区 GDP 的灰色关联度均值约为 0.84，与能源消耗的灰色关联度均值约为 0.90，与三废排放的灰色关联度均值为 0.91。

同期，净资产收益率与地区 GDP 的灰色关联度均值约为 0.85，与能源消耗的灰色关联度均值约为 0.90，与三废排放的灰色关联度均值为 0.89。

同期，总资产增长率与地区 GDP 的灰色关联度均值约为 0.73，与能源消耗的灰色关联度均值约为 0.77，与三废排放的灰色关联度均值为 0.79。

通过观察，总资产收益率和净资产收益率与地区 GDP、能源消耗，以及工业三废排放的关联度很高，在 0.84—0.91 区间变动；总资产增长率与这三项的关联度较高，在 0.73—0.79 区间变动。这充分表明，企业的利益目标函数必须包括利益相关者的利益在内。而在众多利益相关者中，政府代表全体国民对企业的环境污染行使监督管理权。从另一方面看，企业利益目标转型势在必行。

（二）趋势分析

从 GDP 与总资产收益率的关系看，总资产收益率在稳步增加，略高于净资产收益率，而总资产增长率在 2007 年左右下降，增速不稳定，表明经济危机即将来临，企业成长趋势下滑。另外，股市全流通之后，市值下降，影响财务指标与区域经济的联系（见图 7-1）。

关联系数

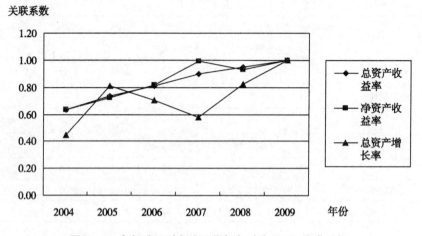

图 7 - 1　东部地区财务治理指标与地方 GDP 关联系数

从能源消耗与总资产收益率、净资产收益率和总资产增长率关联度发展趋势看，总体呈上升趋势。而总资产增长率在 2007 年左右突然下降，说明经济危机即将来临，企业能源消耗急剧下降（见图 7 - 2）。

关联系数

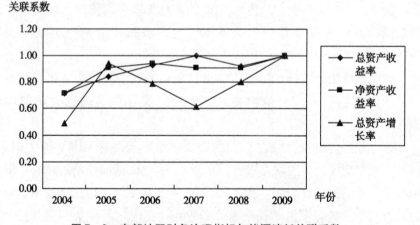

图 7 - 2　东部地区财务治理指标与能源消耗关联系数

从工业三废与总资产收益率、净资产收益率和总资产增长率关联度发展趋势看，总体呈上升趋势。而总资产增长率在 2007 年左右突然下降，说明 2008 年经济危机来临之前，企业能源消耗急剧下降，导致工业三废排放下降（见图 7 - 3）。

综上所述，东部地区的上市公司战略目标已经有向利益相关者利益最大化转变的趋势。同时，东部地区的企业发展也在逐步由粗放型向集约型

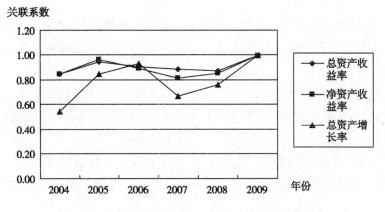

图 7 - 3　东部地区财务治理指标与三废排放关联系数

转变。

二　中部地区上市公司财务治理与外部环境的灰色关联分析

对于中部地区上市公司与外部环境关联系数的分析，一方面，分析不同指标间关联系数的均值，掌握它们的总体状态；另一方面，分析指标间关联系数的发展趋势，寻找影响因素（见表 7 - 9）。

表 7 - 9　　　　　　　中部地区公司财务治理与外部环境关联系数

年份	2004	2005	2006	2007	2008	2009	均值
总资产收益率与外部环境数据							
地区 GDP	0.66	0.79	0.79	0.82	0.94	1.00	0.83
能源消耗	0.75	0.92	0.91	0.94	0.97	1.00	0.92
三废排放	0.89	0.94	0.98	1.00	0.99	1.00	0.97
净资产收益率与外部环境数据							
地区 GDP	0.62	0.70	0.72	0.75	0.86	1.00	0.77
能源消耗	0.70	0.81	0.82	0.84	0.88	1.00	0.84
三废排放	0.82	0.93	0.91	0.89	0.90	1.00	0.91
总资产增长率与外部环境数据							
地区 GDP	0.32	0.84	0.85	0.66	0.74	1.00	0.73
能源消耗	0.34	0.99	1.00	0.74	0.72	1.00	0.80
三废排放	0.37	0.87	0.89	0.77	0.71	1.00	0.77

（一）均值分析

从 2004—2009 年，总资产收益率与地区 GDP 的灰色关联度均值约为 0.83，与能源消耗的灰色关联度均值约为 0.92，与三废排放的灰色关联度均值为 0.97。

同期，净资产收益率与地区 GDP 的灰色关联度均值约为 0.77，与能源消耗的灰色关联度均值约为 0.84，与三废排放的灰色关联度均值为 0.91。

同期，总资产增长率与地区 GDP 的灰色关联度均值约为 0.73，与能源消耗的灰色关联度均值约为 0.80，与三废排放的灰色关联度均值为 0.77。

可以看出，总资产收益率与地区 GDP、能源消耗以及工业三废排放的关联度很高，在 0.83—0.97 区间变动；净资产收益率与这三项的关联度在 0.77—0.91 区间变动；总资产增长率与这三项的关联度较高，在 0.73—0.80 区间变动。这表明，企业的收益与环境污染高度相关，损害了社会公众的外部性收益，企业的发展依然还是粗放型的。

（二）趋势分析

从 GDP 与总资产收益率的关系看，总资产收益率在稳步增加，略高于净资产收益率，而总资产增长率在 2006—2007 年下降，之后稳步回升，增速不稳定，表明经济危机即将来临，企业成长趋势下滑（见图 7-4）。

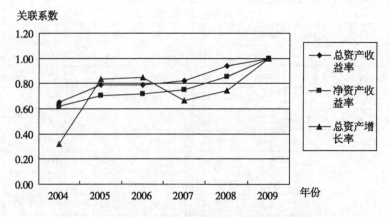

图 7-4 中部地区财务治理指标与地方 GDP 关联系数

从能源消耗与总资产收益率、净资产收益率和总资产增长率关联度发展趋势看，总体呈上升趋势。而总资产增长率在 2006—2007 年突然下降，然后在 2009 年增速明显，说明经济危机即将来临，企业能源消耗急剧下降；而中央采取宏观经济扩张政策后，能源消耗与工业三废的关联度又加速上升（见图 7-5）。

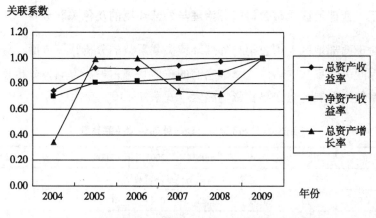

图 7-5　中部地区财务治理指标与能源消耗关联系数

从工业三废排放与总资产收益率、净资产收益率和总资产增长率关联度发展趋势看，总体呈上升趋势。而总资产增长率与三废的关联度在 2004 年之后急速上升，2008 年突然下降，说明 2008 年经济危机来临之前，企业能源消耗急剧下降，导致工业三废排放下降。之后，工业三废与总资产增长率的关联度又大幅上升。2004 年之后中国股票市场就开始了股权分置改革，而 2007 年亦是上市公司股票全流通的关键年份，这充分说明股权分置改革政策与企业的环境污染有密切关联（见图 7-6）。

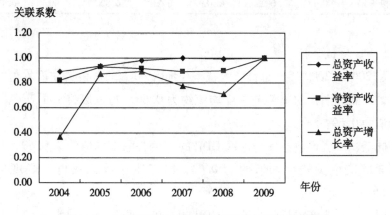

图 7-6　中部地区财务治理指标与三废排放关联系数

综上所述，中部地区的上市公司战略目标还是企业价值最大化或股东利益最大化，但有向利益相关者利益最大化转变的趋势。同时，中部地区的企业也在逐步由粗放型向集约型转变，越发重视企业的长期发展。

三 西部地区上市公司财务治理与外部环境的灰色关联分析

对于西部地区上市公司与外部环境关联系数的分析，一方面，分析不同指标间关联系数的均值，掌握它们的总体状态；另一方面，分析指标间关联系数的发展趋势，寻找影响因素（见表 7 - 10）。

表 7 - 10   西部地区公司财务治理与外部环境关联系数

年份	2004	2005	2006	2007	2008	2009	均值
总资产收益率与外部环境数据							
地区 GDP	0.33	0.39	0.68	0.44	0.93	1.00	0.63
能源消耗	0.36	0.42	0.77	0.47	0.96	1.00	0.66
三废排放	0.39	0.45	0.86	0.50	0.96	1.00	0.69
净资产收益率与外部环境数据							
地区 GDP	0.31	0.35	0.68	0.41	0.87	1.00	0.60
能源消耗	0.33	0.38	0.77	0.43	0.89	1.00	0.63
三废排放	0.36	0.41	0.86	0.46	0.98	1.00	0.68
总资产增长率与外部环境数据							
地区 GDP	0.12	0.21	0.17	0.20	0.91	1.00	0.43
能源消耗	0.13	0.22	0.17	0.20	0.89	1.00	0.44
三废排放	0.13	0.23	0.18	0.21	0.82	1.00	0.43

（一）均值分析

从 2004—2009 年，总资产收益率与地区 GDP 的灰色关联度均值约为 0.63，与能源消耗的灰色关联度均值约为 0.66，与三废排放的灰色关联度均值为 0.69。

同期，净资产收益率与地区 GDP 的灰色关联度均值约为 0.60，与能源消耗的灰色关联度均值约为 0.63，与三废排放的灰色关联度均值为 0.68。

同期，总资产增长率与地区 GDP 的灰色关联度均值约为 0.43，与能源消耗的灰色关联度均值约为 0.44，与三废排放的灰色关联度均值为 0.43。

可以看出，总资产收益率、净资产收益率与地区 GDP、能源消耗以及工业三废的关联度较高，在 0.60—0.69 区间变动。总资产增长率与地区 GDP、能源消耗以及工业三废排放的关联度较低，约为 0.44。这表明，企业的收益与环境污染密切相关，损害了社会公众的外部性收益。而总资产增长率与三项指标的关联度降低，表明增量中能源消耗、工业三废的比例在降低，趋势上向良性发展。

（二）趋势分析

从 GDP 与总资产收益率关系看，总资产收益率在稳步增加，略高于净资产收益率，而总资产增长率在 2007 年以后迅速上升，表明经济危机来临之后，国家的宏观经济政策主要投入基础设施建设，西部区域经济发展增速加快，给西部企业带来巨大发展机遇。企业的成长依赖区域经济政策这一外部环境。股权分置改革的初步完成，在制度上又为企业发展奠定了明晰的产权基础（见图 7-7）。

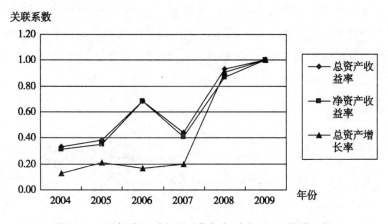

图 7-7　西部地区财务治理指标与地方 GDP 关联系数

从能源消耗与总资产收益率、净资产收益率和总资产增长率关联度发展趋势看，总体呈上升趋势。而能源消耗与以上三要素的关联度在 2007 年以后急剧上升，说明经济危机来临后，中央的宏观经济扩张政策，刺激了西部经济的发展，能源消耗与它们的关联度又加速上升。其中，总资产收益率和净资产收益率与能源消耗的关联度一直高于总资产增长率与能源消耗的关联度，说明企业股权分置改革后，企业财务指标趋向良好（见图 7-8）。

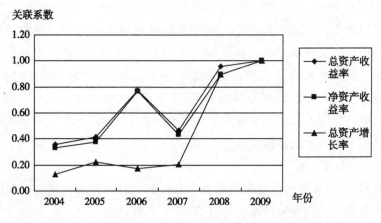

关联系数

图7-8 西部地区财务治理指标与能源消耗关联系数

从工业三废排放与总资产收益率、净资产收益率和总资产增长率的关联度发展趋势看，总体呈上升趋势。2007年是个拐点，之后它们的关联度急剧上升。其中，总资产收益率和净资产收益率与工业三废的关联度一直高于总资产增长率与工业三废的关联度。说明2008年经济危机来临前后，企业能源消耗急剧下降，导致工业三废排放下降。之后，工业三废与它们的关联度又大幅上升。而2007年是股权分置改革的关键年份，说明股权分置改革政策与企业的环境污染有密切关联（见图7-9）。

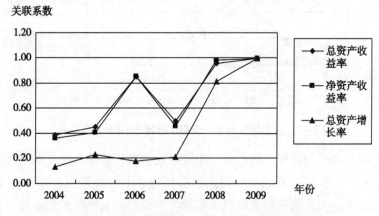

关联系数

图7-9 西部地区财务治理指标与三废排放关联系数

综上所述，西部地区的上市公司战略目标还是企业价值最大化或股东利益最大化，没有考虑其他利益相关者的利益，这在总资产收益率和净资产收益率与外部环境指标的关联系数中可以发现。同时，西部地区的企业主要还是粗放型的增长，考虑短期利润，忽视长期发展，这在总资产增长率与外部环境指标的关联系数中表现出来。

四　综合分析上市公司财务治理效率和企业战略因素

通过上述对公司财务治理和外部环境的相关性分析，发现不论地区经济发展得快或慢，企业自身的行为与外部环境有密切的关系。一是当公司经营状况好时，自身收益较高，同时也可通过税收、提供就业等多种方式为地方经济的发展作出贡献；反之亦会影响地方经济的发展。二是公司的绩效高、能耗低就意味着公司的经营效率高，在竞争中也更具有优势；反之则不具有竞争优势。三是公司在获得高绩效的同时降低三废排放，这样的企业技术和观念更先进，其社会绩效会更高，能够长远发展；反之则只能依靠落后的技术获得暂时的生存。

外部环境通过影响企业战略，进一步影响企业财务治理，其中企业战略具有重要作用。制度层面的战略确定企业的社会地位和责任，而企业层面的战略确定企业的发展方向。企业的战略目标就是统一不同层面战略的关键。目前，大部分企业的战略目标还是追求企业价值最大化或股东利益最大化，而为企业发展提供资源的其他利益相关者被忽视。这就使得公司财务治理在现实中出现很多短期化、低效率的行为。随着经济一体化的加速，企业再也不是作为经济中的个体存在，而成为整个社会关系网络中的节点，资源的配置也越发社会化。而且由于"外部性"的存在，单个企业的行为会影响其他企业甚至整个社会。所以，企业战略目标必须尽快转化为利益相关者利益最大化。在利益相关者利益最大化目标下，企业的成长方式也必然由"粗放型"转化为"集约型"。一方面为了降低成本，必须要降低能耗；另一方面为了提高效益，提高资源的使用效率，减少三废的排放。另外，从企业社会责任的角度，企业也应节能减排。

所以，企业的战略转型与公司财务治理密切相关。企业战略转型不仅能为财务治理指明方向，更能为其提供行为准则，以提高财务治理的效率。

第五节　本章小结

本部分选择了公司财务治理和外部环境的相关指标，建立灰色关联模型。分三个区域，研究了公司财务治理与外部环境的相互关系，发现财务治理效果与外部环境密切相关，而这其中企业战略是重要的桥梁。外部环境的变化会影响企业战略，而企业战略的转型则会进一步影响公司财务治理。

第八章

改善上市公司财务治理的途径

通过对上市公司股权分置改革前后财务治理变化的研究，发现从长期而言股权分置改革对上市公司的财务治理具有积极的作用，但短期内还很难发挥出来。随后在对上市公司财务治理效率的评价中，发现上市公司的财务治理结构和机制还存在问题，以至于影响了公司财务治理的效率。而通过对财务治理和企业战略的相关性研究，发现由于外部环境变化而导致的企业战略转型可以提高企业财务治理效率。

现实中，由于财务治理结构更多的是外生的，难以通过公司内部财务治理进行调整，所以，这里仅就财务治理主体的选择提出建议。财务治理要通过财务治理机制实现，目前公司财务治理存在的诸多问题可以通过建立健全财务治理机制解决，本研究也从财务治理内部环境的角度出发，提出建立健全上市公司内部财务治理机制的途径。

第一节　加速企业战略转型

外部经济自然环境通过企业战略转型影响公司财务治理。目前，首先，上市公司的战略转型是战略目标的转变，要由目前的企业价值最大化或股东财富最大转变为利益相关者利益最大化；其次，企业的成长方式也要由"粗放型"成长转变为"集约型"成长。为了适应外部环境，提高公司财务治理的效率，必须加速企业战略转型。

一　利益相关者利益最大化

传统的企业追求企业价值最大化是从企业自身的角度而言，追求股东财富最大化是从股东的角度而言，都忽略了其他利益相关者。而其他利益相关者都为企业的发展提供了不可或缺的资源。为了实现企业的可持续发展，企业必须考虑所有的利益相关者的利益。所以，企业应以利益相关者利益最大化作为新的战略目标。利益相关者利益最大化是一个帕累托最优，在这个状态下，任何一个主体利益的增加都要以牺牲其他主体的利益为代价。企业战略目标的转变是一个追求帕累托最优的过程。

实际上，利益相关者很难界定，从广义上说，所有社会成员和组织都是企业的利益相关者，他们都直接或间接地为企业提供资源，而他们的利益也会直接或间接地受企业行为的影响。由此企业应对全社会负责，企业应明确自身的社会角色和定位，承担相应的社会责任。

企业不仅要明确短期利润目标，更要考虑长期的发展目标；企业不仅要考虑自身的生存发展，更要考虑对社会环境带来的影响；企业不仅让内部利益相关者参与公司的财务治理，更应通过多种渠道为外部利益相关者参与公司财务治理提供机会。

二 "粗放型"转变为"集约型"

传统的企业使用高投入高产出的方式，实现"粗放型"成长，以牺牲资源和环境作为企业自身发展的代价。在市场经济的早期，这是快速发展的有效方式，早期发达国家的企业都采取了这种成长方式。但随着经济的不断发展，人们对资源无尽的索取和对环境任意的破坏带来了严重的后果，严重危害了整个人类社会的发展，并为此付出了巨大的代价。内外部环境的转变都要转变增长方式，企业的成长应由"粗放型"转变为"集约型"。

随着经济一体化的发展，资源配置将在更大的范围内进行，资源的稀缺性使得有效利用资源越发重要。能源过度消耗和环境污染实际上都是资源利用效率低下的表现。通过制度创新可以引导企业积极进行技术创新，降低能源投入，减少三废排放，提高资源的利用效率。

知识经济的发展，使得人们发明了很多新技术提高资源的使用效率，减少对环境的破坏。企业间的竞争不再只是生产经营的竞争，更多的是创新能力的竞争。谁能持续不断地创新，提高资源利用效率，谁就具有了竞争优势。企业的目标不再是短期的利润，而是着眼于长期的发展。公司财务治理效率的提高也是基于资源配置有效的基础之上的。只有转变了公司的成长方式，公司财务治理效率存在的问题才能根本解决。

第二节　选择合适的财务治理主体

各利益相关者投入的资源形成公司的物质基础，共同承担公司的风险，共同分享公司的控制权，公司的发展取决于利益相关者之间合作关系。作为公司财务治理主体的利益相关者应符合如下条件：（1）向公司投入专用资产；（2）分享公司财务收益；（3）承担公司风险；（4）分享公司财务控制权。所以，公司真实的利益相关者有股东、债权人、管理层和员工，形成以股东为主导的共同治理。

但事实上长期以来的计划制度下形成的路径依赖，使得真正参与公司财务治理的主体只有大股东和管理层；而且由于国有大股东的身份错位，造成一方面行政干预过多，另一方面所有者治理缺失。针对我国上市公司财务治理主体存在的问题提出以下解决方法。

一　产权主体多元化，国有股有进有退

公司财务治理有效的前提条件就是产权清晰。原有的国有企业政企不分、产权不清是导致财务治理效率不高的主要原因。股权分置改革只解决了股票的流通权问题，并没有解决产权问题，所以，财务治理结构还存在问题。为了解决产权问题，要引入多个产权主体，明确划分产权界限。

国有股的所有者虽然是全体人民，但实际上由国资委履行出资人职责，这其中存在多重委托代理关系。最终所有者的宽泛性和国资委的双重身份，使得产权不明晰，在其间很难建立有效的委托代理关系。产权主体多元化可以改变这样的情形，至少非国有的部分有清晰的产权关系，可以据此建立有效的委托代理关系，从而促进整个公司财务治理的改善。

同时，国家"抓大放小"的产业政策，也可以直接导致产权主体多元化的结果。在竞争性的、对国民经济影响一般的产业，国有股逐渐退出，企业的性质最终由国有转变为非国有；而对于非竞争性的、对国民经济影响重大的行业，则要引入民间资本，进行股权重构，提高国有企业活力。这些股权多元化的政策可以通过形成股权制衡，改善公司财务治理。当然这并不是一蹴而就的，将是一个长期的过程。

二　明确委托代理关系，政企职责分开

国有企业从所有者到经营者，有一个超长的委托代理链条，其中每一

层都存在委托代理关系，有效的委托代理关系会使得经营者的行为与所有者的利益一致。但事实上，从政府到国资委再到经营者之间的委托代理关系被行政的上下级关系所取代，从而造成经营者的行为也是为了实现政府行政目标。政府和国资委既是所有者，又是监管者，政企职责不分，导致委托代理无效。

设立国有控股公司虽然不能缩短国有企业的委托链条，但可以进一步明确委托代理关系，政企职责分开。国资委通过国有控股公司对国有企业（包括国有独资企业、国有控股或参股企业）履行出资人职责。国资委作为委托人参与国有控股公司的管理和监督，确保国有资产的保值增值，但并不能直接参与国有企业的管理，以避免行政权力的干预。这样就实现了政企职责分开，身份明确。而国有控股公司作为委托代理链条的重要一环，可以直接代行国有资产所有者的权利，同时又以企业的身份参与竞争，机制灵活，目标明确。

为了使国有控股公司在国有企业财务治理中发挥有效的作用，还必须制定合理的考核目标，保障所有者的利益最大化。而这里的所有者不仅指国有股股东，还包括非国有股股东。另外，国有控股公司的运行也应是完全市场化的，只有这样才能确保政企职责分开，解决国有公司的"所有者缺位"和"内部人控制"问题，提高公司的财务治理效率。

三 培育机构投资者，加强股东制衡

由于控股股东"一股独大"，通过持股优势控制股东大会，进而控制董事会，侵害其他利益相关者的利益。中小股东的"搭便车"行为导致了股东大会"空壳化"，其他利益相关者又缺少参与公司财务治理的途径，使得上市公司的财务治理结构缺失，财务治理效率低下。

公司财务治理结构的核心是财权的配置对称。在中国特色的国情下，为了制约大股东谋取私利，保护广大小股东以及债权人的利益，有必要认识到股权制衡是重要的约束力量。其中机构持股作为外部力量，拥有相当的专业知识和信息优势，和处于信息不对称地位的小股东有重大不同，它们的介入，有效制约了内部人控制，增加了利益制衡机制的作用。

机构投资者是一类特殊的股东，追求长期的投资回报，所以更关注企业财务治理。随着股权分置改革的实施，上市公司股权分散，机构投资者的持股比重逐步增加，机构投资者将更多地参与到公司财务治理中去，以

保证自己的利益经验，与控股股东相制衡。与此同时，机构投资者具有丰富的经验和资源，这也有利于提高公司财务治理水平，降低了公众股东"搭便车"的消极影响。

但不容忽视的是，机构投资者也可能与大股东合谋，通过盈余管理、操纵市场，在二级市场获利，侵害中小股东利益，这就需要外部的监督约束机制来解决。

第三节　明确财务治理机构的职权

股东是公司的所有者，但所有的利益相关者都为公司发展提供了资本，同时承担了风险，就应当获得相应的回报，拥有剩余收益权。要保障剩余收益权的实现，就必须拥有相匹配的剩余控制权。若只有剩余收益权没有剩余控制权，就会产生套牢问题；若有剩余控制权没有剩余收益权，则会产生道德问题。所以，要通过合理配置财权，优化财务治理结构，解决套牢和道德问题。

中国企业在进行了股份制改革后，形成了新的组织结构，其中股东大会、董事会、监事会是公司的重要组织机构（简称"新三会"）。不同的利益主体通过这些组织机构争夺控制权，所以，财务治理与"新三会"的职权密切相关（见图8-1）。财务治理结构就是要明确不同机构各自的职能，并赋予相应的财权，是保障财务治理有效的途径。公司财务治理中的财权配置主要通过股东大会、董事会和监事会予以体现。

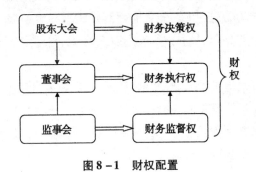

图8-1　财权配置

一　股东大会

股东大会是公司的最高权力机构，对公司的利润分配、并购重组、董事会组成等重大事项具有决策权。如果资本市场完善，中小股东完全可以通过市场的力量实现对公司的监督；而在目前中国资本市场并不完善的情况下，中小股东只能通过股东大会的投票权实现自己的权益，但较少的股票份额使得其影响力微乎其微。大股东通过操纵股东大会，控制董事会，委派高管人员，公司的组织机构形同虚设，职权不明确，财务治理结构不完善，财务治理机制无法有效运行。所以，一股一票的表决权制度存在问题。

为了弥补现有投票表决制度的缺陷，一人一票制度、累积投票制度、表决权代理制度、电子投票制度和书面投票制度都成为可选的补充制度。

一人一票制指在股东大会表决时，不论股东持股份额多少，每位股东有一份表决权，给予众多的中小股东同样的权利。一人一票制增强了广大中小股东的发言权，避免大股东控制股东大会，侵占中小股东利益。但由于中小股东分散且人数众多，其参与成本的高昂和收益的有限性，使得许多中小股东不愿意参与股东大会。

累积投票制度指股东大会选举多名董事时，每一股份有与应选董事人数相当的投票权，股东可以将拥有的投票权集中投给一人或分散投给多人。这种局部集中的投票方法，避免了控股股东垄断董事的人选，中小股东可以选择自己的董事，优化了公司财务治理结构，保障了中小股东权益。

表决权代理制度指股东可以委托代理人参加股东大会表决，以降低参与成本。表决权代理制度扩大了参与财务治理的股东范围，增强了中小股东对大股东和管理层的约束。但由于手续烦琐，只有持股较多的机构投资者和个人股东愿意参与，对于多数小股东来说，征集投票权的成本依然较高。

电子投票制度指应用最新的网络技术，通过电子信息传递，使得股东不在现场也可以参加股东大会投票表决。电子投票制度为股东之间提供了低成本沟通的渠道，降低了参与的成本，提高了决策的效率，促进了股东参与财务治理的积极性。

书面投票制度指股东不亲临股东大会现场，以书面的形式就股东大会决议事项进行表决，并将书面表决在股东大会召开之前提交。不论以现场表决的形式，还是以网络投票或书面表决的形式，都是股东对决议事项的真实的意思表达，具有法律效率。书面表决制度弥补了表决权代理制度的缺陷，简单方便，成本更低，可以使更多的股东参与股东大会，完善财务治理结构。

股权分置改革方案的投票表决中就综合使用了一股一票制度、一人一票制度、表决权代理制度和电子投票制度，收到良好的效果。在以后上市公司股东大会中，也可以创新更多的方式，不断降低参与成本，促使中小股东积极地参与公司财务治理，保障自身的权益。

二　董事会

董事会执行股东大会的决议，对资本结构、经理人选及薪酬等重大经营事项具有决策权。董事会成员由内部董事和外部董事构成，内部董事提供财务治理的相关信息，而外部董事对董事会的职能的履行予以监督，内外董事配合保证董事会履行决策和监督职能，确保财务治理结构的有效性。

董事会作为财务治理结构的核心，利益相关者委派代表其利益的董事，保障自身的权益。中小股东委派独立董事，职工委派职工董事，银行作为主要债权人委派银行董事，参与公司财务治理，实现剩余收益权与剩余控制权的匹配。

董事会的人选非常重要，会影响财务治理结构的有效性。一方面，董事可能成为大股东利益的代言人，在经营决策中忽视中小股东和债权人的利益；另一方面，董事是否具有相应的专业知识和能力，也会影响财务治理效率。独立董事、职工董事及银行董事就是为了防止形成内部人控制，保证其他利益相关者的利益。

董事会应成立专门的委员会，如薪酬委员会、审计委员会、提名委员会等，让具有相关专业知识的人参与，保证决策的科学性。薪酬委员会主要考核制定经理层的薪酬和奖励计划。审计委员会主要由外部董事构成，负责对公司经理层的行为进行审计监督，与监事会的监督层次和手段有着本质的区别。提名委员会则主要负责经理层的选择提名。

现实中中国上市公司的董事会成员多由大股东委派，即使是独立董事也与大股东有着千丝万缕的联系。独立董事制度实行至今，只有形式而无实质，导致独立董事不独立，成为"花瓶董事"。提供了公司多一半资金的债权人——银行，也由于其自身的种种原因，只是对借款在外部进行监管，并没获得相应的控制权和参与公司财务治理，所以，中国的上市公司董事会中鲜有银行董事。同时，由于自身能力和意愿，再加上内部董事的阻挠，使得现有外部董事行权面临很大的困难。

目前，需要不断完善相关制度，如董事会的组织构成、董事会的人员构成、董事的资格认定、提名选拔和激励约束等，确保董事会的有效运作和财务治理结构的完善。

三　监事会

监事会对公司董事、经理履行职责的合法合规进行监督，向股东大会负责，保障公司和利益相关者的权益。现实中中国上市公司的监事会成为摆设，监督权旁落和监督职能的虚化是主要问题，而制度的缺陷是主要原因。一方面，现有的监事会成员主要由股东大会提名任命，容易受控股股东的操纵，丧失了基本的监督职能；另一方面，现有的监事会成员多为职工代表和股东代表，缺乏相关的法律、财务和管理知识，能力不足，难以行使监督权。所以，制定严格的监事选拔程序和适宜的任职资格要求，都可以解决上述问题。

监事会的监督职能与独立董事的监督职能截然不同。首先，所处的地位不同。监事会是一个独立的机构，向股东大会负责；独立董事是董事会的重要组成部分，向董事会负责。其次，监督的内容不同。监事会主要对董事会及经理层履行职权的合法合规性实施监督；而独立董事则是对内部董事和经理层的侵权行为进行监督。最后，监督的方式不同。监事会通过提出议案或提起诉讼行事财务监督权；而独立董事则是通过在董事会内财务执行层次的表决实施内部监督。所以，监事会的职能无可替代，对完善公司财务治理具有重要作用。

第四节　建立健全激励机制

作为反映企业治理结构变化的各大利益主体在经济利益下的激励作用与经济绩效的关系看，董事、高管、独立董事等在相应的报酬激励机制下，都对企业效益的提升产生积极作用。这较为充分地证明，在现代企业治理结构中，董事会—大股东、经理阶层—高管，以及监事会—独董能够在激励约束机制下形成共同的目标函数。股权分置改革中许多公司都承诺要实行股票期权激励，但现实的激励约束机制低效问题，依然需要进一步深化改革予以解决。

一　建立科学的考评机制

目前中国资本市场并非完全有效的情况下，资本市场定价缺乏效率，投资者决策非理性，股票价格不能作为代理人经营业绩的考核依据。而外部控制权市场和经理人市场的不健全，使得对高管的能力评估仍然是亟待解决的难题。把公司绩效的改善作为衡量高管能力的标准，不失为一个可行的方法。

常用的公司绩效指标主要有净资产收益率（ROE）、每股收益（EPS）、托宾Q值和经济增加值（EVA）。净资产收益率反映企业的净资产的综合效益，不受行业局限，适用范围广，但容易受会计利润的影响，忽视风险。每股收益反映上市公司单位股本的获利水平，它与市盈率指标综合可以反映公司的风险，但也容易受盈余管理的影响，同时由于是绝对数指标，不宜在不同规模企业间和不同行业间进行比较。托宾Q值衡量了市场对公司的股价与实际价值的偏差，主要反映了市场对公司的预期，间接地反映了公司的绩效，但容易受股价波动的影响。经济增加值反映了公司创造的经济价值，其中资本成本的计量也会受到外部市场的影响。

以上四个指标中，前两个主要是衡量企业的短期绩效，作为评价指标容易使经理产生短期化行为，进行高风险的投资，以期获得高回报；甚至通过盈余管理或会计造假，实现高的利润指标，以获得良好的评价和奖励。后两个指标考虑了风险，衡量企业长期的发展，可以避免短期行为，但由于受外部市场的影响，经理可以通过操纵市场，实现目标，获得奖励；而且由于我国外部市场并不完全有效，缺乏相应的配套机制和保障，使得指标的应用也受到局限。

所以，要综合多项指标建立一个综合的考评指标体系，取长补短。通过指标的纵向对比，考核经理长期以来的付出对公司绩效的影响；通过指标的横向比较，衡量在同类公司经理的努力程度对公司竞争力的影响，同时剔除了市场系统风险的影响。考核目标的设定要结合实际情况，不能太容易，也不能高得难以完成的，需要通过努力才能实现；否则，就失去了考核的意义。

二　激励方式多样化

所有权与经营权分离的公司中存在多重委托代理关系，委托人与代理人的利益冲突外部化的结果就会产生非合作博弈，影响公司的长远发展。所以，通过激励促使委托人与代理人利益目标函数一致。这其中如何激励经理层努力实现股东利益是一个重要问题。

对于经理的激励可以采取多种方式，如工资、奖金、股票期权、晋升或解雇等。工资和奖金属于货币激励，在短期内可以激励经理努力经营管理企业，但容易产生短期化行为，忽视企业长期发展。股票期权属于股权激励，是长期激励经理努力工作的有效方式，但这还需要有外部市场机制的配合。晋升或解雇则属于非物质激励，具有其他激励方式所不能达到的效果，其中解雇是负激励。

长期使用单一的激励方式会产生很多问题。一方面，由于存在边际效用递减的规律，单一要素的激励效率会逐渐降低，直至最终激励因素会转化为保健因素，失去激励的功用，甚至会起到反作用。另一方面，产生棘轮效应，使用单一的激励方式，当年奖励目标的制定必定以上年情况为基础，必定会产生鞭打快牛的结果，这也会使得激励效用不能完全发挥。

我国上市公司的激励方式单一，结构不合理，主要采取货币激励的方式，已经影响了公司财务治理。目前，也逐步开始实行股票期权激励制度，但在实行中还存在许多问题，需要进一步完善。在实践中要不断丰富激励方式，对不同的激励对象实行不同的激励方式，进行动态的激励、多种激励方式相结合，以提高激励效率。

第五节　创新财务治理机制

中国上市公司国有股"一股独大"的特点外生地决定了公司财务治理结构，而行政干预又会导致内部人控制，控股股东与管理层合谋侵害中小股东和其他利益相关者的利益。对此有学者提出利益相关者共同治理机制，因为所有的利益相关者都参与了企业价值的创造，所以，应共同参与公司财务治理，取得相应的权利。但实际中，共同治理的实施存在问题，一方面会导致"搭便车"的问题，另一方面会产生效率问题。而财务治理权的划分也很难具体到每个主体，共同治理很难实现。

由此，本研究认为应创新财务治理机制，将共同治理与相机治理相结合：财务相机治理是一个动态的治理过程，当治理环境发生变化时，企业控制权随之变化转移。财务动态治理就是要恰当地安排财权契约，明确当事人不同情况下的责权利，寻求动态的权利平衡，达到有效的财务治理。

在企业经营绩效恶化时，必然影响利益相关者的利益，其中最有可能利益受损的主体应暂时获得控制权。这会导致公司控制权的重新分配，在不同主体间发生转移，导致公司财务治理结构的变化。通过相机治理实现控制权适时转移，避免控制权僵化，不同的利益相关者在不同的情况下掌握公司的财务治理权，就可以实现共同治理与相机治理的有效结合。

阻碍公司相机治理要发挥效率的有三个外部条件：一是有效的产品市场，二是有效的劳动力市场，三是有效的资本市场。股权分置改革实现了公司股票的全流通，消除了限制控制权转移的障碍，其他的改革配套措施也完善了公司的进入退出机制，有效地解决企业债务重组问题。股权分置改革的进一步深化，也会逐步提高我国资本市场的效率，这都进一步扫清了实施公司相机治理的障碍。

第六节　本章小结

本章针对前述实证分析部分发现的影响公司财务治理效率的主要因素，提出五方面的解决策略。一是加速企业战略转型，以利益相关者利益最大化作为企业战略目标，企业成长方式由"粗放型"转变为"集约型"。二是选择合适的财务治理主体，产权主体多元化，国有股有进有退；明确委托代理关系，政企职责分开；培育机构投资者，加强股东制衡。三是明确财务治理机构的职责，通过明确股东大会、董事会、监事会各自的职能，并赋予相应的财权，是保障财务治理有效的途径。四是建立健全激励约束机制，建立科学的考评机制，综合多种激励方式。五是创新财务治理机制，共同治理与相机治理相结合。希望通过进一步深化股权分置改革，以确保股权分置改革对公司财务治理发挥较好的效应。

第九章

结　论

第一节　研究结论

随着中国经济体制改革的不断深化，曾经为中国证券市场的建立发展作出贡献的国有上市公司在股权结构、公司运行机制、监督制约机制等公司财务治理方面存在较多问题，并且在进一步改革中成为发展的障碍。这些问题的主要根源就是股权分置的制度安排，股权分置改革势在必行，这是中国资本市场改革的重要一步。另外，外部经济自然环境的变化，也使得企业的地位和角色发生变化，促使企业战略转型。

本研究分别运用理论分析和实证分析，研究了股权分置改革对上市公司财务治理的影响，得出如下结论：

1. 财务治理是由企业财务和公司治理交叉融合发展而来的，财务治理是公司治理的核心。财务治理理论已形成一个完整的理论体系，主要由财务治理结构、财务治理机制和财务治理效率构成。这其中财务治理结构是基础和核心，财务治理机制是制度保证，而财务治理效率是最终目标。它们都会受到财务治理内外部环境的影响，并反映在公司治理行为上。

2. 股权分置改革对上市公司财务治理和企业战略的影响遵循如下路径：股权分置改革通过调整股权结构，改变了上市公司财务治理的内外部环境，内部通过上市公司的融资与风险、并购与重组、股利分配和激励约束等多种财务活动，体现了公司财务治理结构和机制的变化，而外部通过企业战略转型，使企业从注重短期目标转向注重长期目标，最终影响上市公司财务治理效率。

3. 自 2004 年开始的中国资本市场股权分置改革，整个过程分为三个阶段，两个关键点：第一个关键点是非流通股全部转换为流通股，即股权分置改革实施；第二个关键点是限售股解禁，全部成为上市流通股，即股票全流通。在股权分置改革实施阶段，股权分置改革对上市公司财务治理有较大的促进作用，一方面得益于人们对改革的预期在短时间内爆发，另一方面得益于内外部环境的改善。在股票全流通阶段，股权分置改革对公司财务治理的促进作用有放缓的趋势，说明中国的资本市场逐渐趋于理性，但也反映了股权分置改革中存在一定的问题。整体而言，股权分置改革对上市公司的财务治理起到了积极的作用，但还存在改善的余地，改革并没有随着所有股票的上市流通而终结。

4. 三个时期对比计量模型分析表明，不论是在股权分置改革的第一阶段，还是在第二阶段，持股主体的组成与持股比例都与经济绩效的指标呈正相关，表明改革的推进改变了股权结构，进而促使公司治理结构实现优化组合。尤其是外部机构的介入及其持股比例的增加，有效约束了公司内部股东的目标函数，从而促使公司内、外部利益相关者的目标函数趋于一致。这一实证研究成果与 20 世纪 70 年代詹森和麦克林（Jensen and Meckling，1976）的研究有所不同。他们在研究中将股东分为内部股东和外部股东，假设内部股东拥有完全信息，或者占据信息优势，而且公司的经济绩效与内部股东占有的股份比例正相关，他们占有的比例越高，公司的效益会越好。理由是内部股东控制权的增加使公司的目标函数成为他们自己的目标函数。问题是，中国国情与西方不同，大股东的利益不一定与利益相关者一致，因为大股东在国有企业中作为政府的代理人，代表的并不一定是国家或者政府的公共利益，而可能是私人利益，或者小利益集团的利益；而在西方国家中，大股东就是自己利益的代理人，目标函数和公司完全一样。

5. 公司财务治理结构的核心是利益制衡。在中国特色社会主义的国情下，为了制约大股东谋取私利，保护广大小股东以及债权人的利益，有必要认识到机构持股作为外部力量，也拥有相当的专业知识和信息优势，和处于信息不对称地位的小股东有重大不同，它们的介入，有效制约了内部人的控制权，增加了利益制衡机制的作用。

6. 本研究对财务治理效率进行分析评价，发现股权分置改革对股东财务治理效率的影响要高于对公司总体财务治理的影响，这主要是由于债权人治理缺失造成。同时，从对冗余的分析中发现内部财务治理环境中，影响公司财务治理的主要因素是：机构持股、第一大股东持股、债权人治理、高管薪酬和独立董事制度。

7. 本研究分三个区域对上市公司财务治理与外部环境的关联关系进行分析，发现上市公司财务治理效果与外部环境中的地区经济、能源消耗和三废排放指标密切相关。这说明目前大部分企业的战略目标依然是企业价值最大化或股东价值最大化，采用的是"粗放型"的成长方式。但从发展趋势来看，企业战略目标正在转型，这有利于提高公司财务治理效率。

8. 本研究从五个方面提出提高上市公司财务治理效率的对策：（1）加速企业战略转型。确立利益相关者利益最大化为企业战略目标，企业成长方式由"粗放型"转变为"集约型"；（2）选择合适的财务治理主体。结合国家产业政策，改变目前国有股"一股独大"的问题；明确委托代理关系，政企职责分开，确保所有者的利益；培育机构投资者，加强股东制衡；（3）明确财务治理机构的职责，对股东大会、董事会和监事会的职责和组织结构提出建议，建立完善的分层决策体系，强化独立董事的监督约束作用；（4）加强公司内部的激励约束机制，制定科学的考核评价标准，建立一个综合薪酬、股权等多种激励方式的动态激励机制；（5）创新财务治理机制，共同治理与相机治理相结合，进行动态的财务治理，提高财务治理效率。

第二节　结论的实践应用

从短期来看，股权分置改革由于使非流通股票取得了流通权，改变了非流通股股东与流通股股东根本对立的状态，两者的利益趋于一致，必然导致公司的战略目标从以前的注重短期收益转变为注重长远发展。股权分置改革后，上市公司的股权结构再也不会有流通股与非流通股之分。由于上司公司战略目标的改变，必然导致融资偏好和股利政策的改变，最终影响企业的资本结构和资本成本。同时，上市公司的并购重组也由投机型转变为价值型，并购重组的方式、过程和结果都会大有不同。随着股权分置改革的深入，上市公司的财务治理结构、机制也得到改善。

从总体上看，股权分置改革能降低流通股股东的持有成本，通过加强非流通股股东的流通性改善上市公司的财务治理结构，健全监督和约束机制，最终提高上市公司财务治理的效率。但在政策的制定和实施中，理论应用于现实的适应性会影响预定目标最终的实现。通过分析股权分置改革对上市公司财务治理的影响，发现股权分置改革措施中存在的问题，提出进一步深化改革的措施。

未来的深化改革必将进一步完善财务治理机制，加强市场竞争。对通过调整股权结构，调整公司财务治理结构，完善公司财务治理机制。加强公司内部的激励约束机制，发挥薪酬和股权的激励作用；强化独立董事的监督约束作用。加强公司的外部激励作用，通过建立健全外部控制权市场和经理人市场，改善公司的财务治理。

外部环境的变化必然进一步促进企业的战略转型。处于社会关系网络节点的企业不但要为自身的发展负责，更要承担起社会发展的责任，为所有利益相关者的利益服务。这一方面促使企业转变观念，勇于承担社会责任，明确自己的社会角色；另一方面促使企业不断创新，节能减排，实现自身的长远发展。

第三节　研究的局限性

由于股权分置改革刚刚完成，各项政策的效应还没有完全发挥出来，这将是一个长期的过程，本研究只取到2004—2009年的数据，对股权分置改革效应的评价是阶段性的。另外，由于时间和数据可获得性的限制，本研究只选择了70个样本，而且样本的规模、行业、地区分布并不均衡，不能全面地反映所有上市公司的总体情况。以后随着中国资本市场后续的改革不断深入下去，建立健全相关的外部市场，股权分置改革的各项政策效应才会发挥出来，分行业、分地区按比例选取样本，在更长的时期内考察股权分置改革对上市公司财务治理的影响，将是未来值得继续研究的方向。

股权分置改革虽然解决了流通股股东与非流通股股东的矛盾，但大股东与中小股东的矛盾依然存在，而且外部市场的不健全，依然会使得上市公司的财务治理出现新的问题。这仅仅靠公司内部财务治理环境的完善是不行的，更多地需要外部财务治理环境的改善。本研究主要是对公司财务治理的内部环境进行研究，对公司财务治理外部环境也只是考察了外部经济自然环境对企业战略转型的影响，没有更多地涉及外部法律环境、控制权市场、经理人市场和中介市场。

附　录

附表 1

Correlations

		总资产收益率	净资产收益率	总资产增长率	主营业务收入增长率	净利润增长率	每股股东自由现金流量	第一大股东持股比例	股东制衡比	机构持股比例	流通股比例	控股股东性质	资产负债率	利息保障倍数	流动比率	股利支付率	每股股票股利	前三位高管年均报酬	独立董事年均报酬	高管持股比例	独立董事人数
总资产收益率	Pearson Correlation	1	.865(**)	.230(**)	.090	.216(*)	.072	.102	-.092	.190(*)	-.065	.119	-.429(**)	.177(*)	-.486(**)	-.098	.388(**)	.210(*)	.166(*)	.052	-.061
	Sig. (2-tailed)		.000	.006	.291	.010	.396	.230	.281	.025	.448	.161	.000	.036	.000	.250	.000	.013	.050	.544	.473
	N	140	140	140	140	140	140	140	140	140	140	140	140	140	140	140	140	140	140	140	140
净资产收益率	Pearson Correlation	.865(**)	1	.304(**)	.100	.262(**)	.141	.165	-.070	.157	-.114	.034	-.106	.113	.221(**)	-.123	.409(**)	.259(**)	.171(*)	.058	.007
	Sig. (2-tailed)	.000	.	.000	.239	.002	.096	.051	.414	.064	.181	.694	.211	.182	.008	.147	.000	.002	.005	.497	.937
	N	140	140	140	140	140	140	140	140	140	140	140	140	140	140	140	140	140	140	140	140

续表

		总资产收益率	净资产收益率	总资产增长率	主营业务收入增长率	净利润增长率	每股股东自由现金流量	第一大股东持股比例	股东制衡比	机构持股比例	流通股比例	控股股东性质	资本负债率	利息保障倍数	流动比率	股利支付率	每股股票股利	前三位高管年均报酬	前三董事年均报酬	独立董事年均报酬	高管持股比例	独立董事人数
总资产增长率	Pearson Correlation	.230(**)	.304(**)	1	.726(**)	.079	.126	.034	-.136	-.159	-.279(**)	.148	.067	-.061	.087	.055	.271(**)	.031	.031	-.027	.091	.025
	Sig. (2-tailed)	.006	.000	.	.000	.354	.139	.690	.110	.061	.001	.081	.432	.472	.308	.516	.001	.716	.713	.755	.283	.770
	N	140	140	140	140	140	140	140	140	140	140	140	140	140	140	140	140	140	140	140	140	140
主营业务收入增长率	Pearson Correlation	.090	.100	.726(**)	1	.166	.228(**)	.165	.034	-.186(*)	-.298(**)	.057	.168(*)	-.116	-.046	.017	.046	-.013	-.013	-.067	-.007	-.063
	Sig. (2-tailed)	.291	.239	.000	.	.050	.007	.051	.690	.028	.003	.506	.047	.172	.586	.842	.591	.876	.875	.434	.934	.462
	N	140	140	140	140	140	140	140	140	140	140	140	140	140	140	140	140	140	140	140	140	140
净利润增长率	Pearson Correlation	.216(*)	.262(**)	.079	.166	1	.087	.137	.027	-.049	-.149	-.058	-.024	.000	-.014	.025	-.014	.104	.034	.021	-.125	.025
	Sig. (2-tailed)	.010	.002	.354	.050	.	.309	.106	.748	.563	.080	.494	.775	.998	.866	.771	.865	.219	.689	.802	.142	.765
	N	140	140	140	140	140	140	140	140	140	140	140	140	140	140	140	140	140	140	140	140	140
每股股东自由现金流量	Pearson Correlation	.072	.141	.126	.228(**)	.087	1	.180(*)	-.132	.078	-.005	-.194(*)	.262(**)	-.025	-.161	-.044	.142	.190(*)	.093	.184(*)	-.145	-.056
	Sig. (2-tailed)	.396	.096	.139	.007	.309	.	.034	.119	.357	.954	.022	.002	.768	.058	.602	.095	.025	.273	.030	.087	.511
	N	140	140	140	140	140	140	140	140	140	140	140	140	140	140	140	140	140	140	140	140	140

续表

		总资产收益率	净资产收益率	总资产增长率	主营业务收入增长率	净利润增长率	每股股东自由现金流量	第一大股东持股比例	股东制衡比	机构持股比例	流通股比例	控股股东性质	资产负债率	利息保障倍数	流动比率	股利支付率	每股股票股利	前三位高管年均报酬	前三位董事年均报酬	独立董事年均报酬	高管持股比例	独立董事人数
第一大股东持股比例	Pearson Correlation	.102	.165	.034	.165	.137	.180(*)	1	.444(**)	-.081	-.424(**)	-.280(**)	.046	-.051	-.154	.066	.060	.221(**)	.179(*)	.320(**)	-.229(**)	-.117
	Sig (2-tailed)	.230	.051	.690	.051	.106	.034		.000	.341	.000	.001	.592	.547	.070	.439	.494	.009	.035	.000	.006	.169
	N	140	140	140	140	140	140	140	140	140	140	140	140	140	140	140	140	140	140	140	140	140
股东制衡比	Pearson Correlation	-.092	-.070	-.136	.004	.027	-.132	.444(**)	1	-.118	-.159	-.064	.137	-.039	-.092	.009	-.089	.102	.069	.193(*)	-.148	-.069
	Sig (2-tailed)	.281	.414	.110	.690	.748	.119	.000		.164	.060	.455	.106	.643	.278	.918	.295	.233	.416	.022	.082	.416
	N	140	140	140	140	140	140	140	140	140	140	140	140	140	140	140	140	140	140	140	140	140
机构持股比例	Pearson Correlation	.190(*)	.157	-.159	-.186(*)	-.049	.078	-.081	-.118	1	.803(**)	-.051	-.041	.112	.103	-.032	.059	.137	.069	.158	-.169(*)	.148
	Sig (2-tailed)	.025	.064	.061	.028	.563	.357	.341	.164		.000	.551	.631	.188	.228	.705	.487	.107	.416	.063	.046	.080
	N	140	140	140	140	140	140	140	140	140	140	140	140	140	140	140	140	140	140	140	140	140
流通股比例	Pearson Correlation	-.065	-.114	-.279(**)	-.248(**)	-.149	-.005	-.424(**)	-.159	.803(**)	1	-.013	.064	.110	.016	-.141	-.121	-.022	-.033	-.011	-.144	.138
	Sig (2-tailed)	.448	.181	.001	.003	.080	.954	.000	.060	.000		.880	.451	.197	.854	.097	.154	.793	.702	.896	.089	.104
	N	140	140	140	140	140	140	140	140	140	140	140	140	140	140	140	140	140	140	140	140	140

续表

		总资产收益率	净资产收益率	总资产增长率	主营业务收入增长率	净利润增长率	每股股东自由现金流量	第一大股东持股比例	股东制衡比	机构持股比例	流通股比例	控股股东性质	资产负债率	租售保障倍数	流动比率	股利支付率	每股股票股利	前三位高管年均报酬	前三位董事年均报酬	独立董事年均报酬	高管持股比例	独立董事人数
控股股东性质	Pearson Correlation	.119	.034	.148	.057	-.058	-.194(*)	-.280(**)	-.064	-.051	-.013	1	-.150	-.094	.247(**)	-.083	.141	-.164	.015	-.234(**)	.239(**)	-.006
	Sig. (2-tailed)	.161	.694	.081	.506	.494	.022	.001	.455	.551	.880		.076	.267	.003	.331	.097	.053	.861	.005	.004	.959
	N	140	140	140	140	140	140	140	140	140	140	140	140	140	140	140	140	140	140	140	140	140
资产负债率	Pearson Correlation	-.429(**)	-.106	.067	.168(*)	-.024	.262(**)	.046	.137	-.041	.064	-.150	1	-.192(*)	-.593(**)	-.006	-.140	-.002	-.073	-.053	-.096	.033
	Sig. (2-tailed)	.000	.211	.432	.047	.775	.002	.592	.106	.631	.451	.076		.023	.000	.948	.099	.978	.393	.531	.257	.695
	N	140	140	140	140	140	140	140	140	140	140	140	140	140	140	140	140	140	140	140	140	140
租售保障倍数	Pearson Correlation	.177(*)	.113	-.061	-.116	.000	-.025	-.061	-.089	.112	.110	-.094	-.192(*)	1	.232(**)	-.069	.045	.088	.114	.151	-.052	-.023
	Sig. (2-tailed)	.036	.182	.472	.172	.998	.768	.547	.643	.188	.197	.267	.023	.	.006	.420	.602	.301	.181	.074	.539	.791
	N	140	140	140	140	140	140	140	140	140	140	140	140	140	140	140	140	140	140	140	140	140
流动比率	Pearson Correlation	.486(**)	.221(**)	.087	-.046	-.014	-.161	-.154	-.092	.103	.016	.247(**)	-.593(**)	.232(**)	1	-.053	.221(**)	-.029	.002	-.016	.107	-.052
	Sig. (2-tailed)	.000	.008	.308	.506	.866	.058	.070	.278	.228	.854	.003	.000	.006		.537	.009	.736	.983	.855	.206	.538
	N	140	140	140	140	140	140	140	140	140	140	140	140	140	140	140	140	140	140	140	140	140

续表

		总资产收益率	净资产收益率	总资产增长率	主营业务收入增长率	净利润增长率	每股股东自由现金流量	第一大股东持股比例	股东制衡比	机构持股比例	流通股比例	控股股东性质	资产负债率	利息保障倍数	流动比率	股利支付率	每股股票股利	前三位高管年均报酬	前三位董事年均报酬	独立董事年均报酬	高管持股比例	独立董事人数
股利支付率	Pearson Correlation	-.098	-.123	.055	.017	.025	-.044	.066	.009	-.032	-.141	-.083	-.006	-.069	-.053	1	-.041	.098	.002	.036	-.056	.013
	Sig.(2-tailed)	.250	.147	.516	.842	.771	.602	.439	.918	.705	.097	.331	.948	.420	.537		.627	.249	.978	.671	.511	.883
	N	140	140	140	140	140	140	140	140	140	140	140	140	140	140	140	140	140	140	140	140	140
每股股票股利	Pearson Correlation	.388(**)	.409(**)	.271(**)	.046	-.014	.142	.060	-.089	.059	-.121	.141	-.140	.045	.221(**)	-.041	1	.017	.122	.039	.088	-.010
	Sig.(2-tailed)	.000	.000	.001	.591	.865	.095	.484	.295	.487	.154	.097	.099	.602	.009	.627		.842	.150	.651	.300	.911
	N	140	140	140	140	140	140	140	140	140	140	140	140	140	140	140	140	140	140	140	140	140
前三位高管年均报酬	Pearson Correlation	.210(*)	.259(**)	.031	-.013	.104	.190(*)	.221(**)	.102	.137	-.022	-.164	-.002	.088	-.029	.098	.017	1	.779(**)	.613(**)	-.048	.251(**)
	Sig.(2-tailed)	.013	.002	.716	.876	.219	.025	.009	.233	.107	.793	.053	.978	.301	.736	.249	.842		.000	.000	.574	.003
	N	140	140	140	140	140	140	140	140	140	140	140	140	140	140	140	140	140	140	140	140	140
前三位董事年均报酬	Pearson Correlation	.240(**)	.239(**)	.031	-.013	.034	.093	.179(*)	.069	.069	-.033	.015	-.073	.114	.002	.002	.122	.779(**)	1	.502(**)	.043	.243(**)
	Sig.(2-tailed)	.004	.005	.713	.875	.689	.273	.035	.416	.416	.702	.861	.393	.181	.983	.978	.150	.000		.000	.616	.004
	N	140	140	140	140	140	140	140	140	140	140	140	140	140	140	140	140	140	140	140	140	140

续表

		总资产收益率	净资产收益率	总资产增长率	主营业务收入增长率	净利润增长率	每股股东自由现金流量	第一大股东持股比例	股东制衡比	机构持股比例	流通股比例	控股股东性质	资产负债率	利息保障倍数	流动比率	股利支付率	每股股票股利	前三高管年均报酬	前三位董监高年均报酬	独立董事年均报酬	高管持股比例	独立董事人数
独立董事年均报酬	Pearson Correlation	.166(*)	.171(*)	-.027	-.067	.021	.184(*)	.320(**)	.193(*)	.158	-.011	-.234(**)	-.053	.151	-.016	.036	.039	.613(**)	.502(**)	1	-.075	.117
	Sig.(2-tailed)	.050	.043	.755	.434	.802	.030	.000	.022	.063	.896	.005	.531	.074	.855	.671	.61	.000	.000		.376	.168
	N	140	140	140	140	140	140	140	140	140	140	140	140	140	140	140	140	140	140	140	140	140
高管持股比例	Pearson Correlation	.052	.058	.091	-.007	-.125	-.145	-.229(**)	-.148	-.169(*)	-.144	.239(**)	-.096	-.052	.107	-.056	.088	-.048	.043	-.075	1	.154
	Sig.(2-tailed)	.544	.497	.283	.934	.142	.087	.006	.082	.046	.089	.004	.257	.539	.206	.511	.300	.574	.616	.376		.070
	N	140	140	140	140	140	140	140	140	140	140	140	140	140	140	140	140	140	140	140	140	140
独立董事人数	Pearson Correlation	-.061	.007	.025	-.063	.025	-.056	-.117	-.069	.148	.138	-.006	.033	-.023	-.052	.050	-.000	.251(**)	.243(**)	.117	.154	1
	Sig.(2-tailed)	.473	.937	.770	.462	.765	.511	.169	.416	.080	.104	.959	.695	.791	.538	.560	.911	.003	.004	.168	.070	
	N	140	140	140	140	140	140	140	140	140	140	140	140	140	140	140	140	140	140	140	140	140
企业规模	Pearson Correlation	-.057	.025	-.159	-.033	.164	.208(*)	.439(**)	.230(**)	.229(**)	.120	-.490(**)	.268(**)	.094	-.295(**)	.050	-.078	.412(**)	.283(**)	.501(**)	-.231(**)	.123
	Sig.(2-tailed)	.504	.770	.061	.703	.052	.013	.000	.006	.007	.160	.000	.001	.688	.000	.560	.362	.000	.001	.000	.006	.146
	N	140	140	140	140	140	140	140	140	140	140	140	140	140	140	140	140	140	140	140	140	140

续表

		总资产收益率	净资产收益率	总资产增长率	主营业务收入增长率	净利润增长率	每股最新自由现金流量	第一大股东持股比例	股东制衡比	机构持股比例	流通股比例	控股股东性质	资产负债率	利息保障倍数	流动比率	股利支付率	每股股票股利	前三位高管年均报酬	前三位董事年均报酬	独立董事年均报酬	高管持股比例	独立董事人数
行业	Pearson Correlation	-.092	-.113	-.137	-.117	.005	-.096	-.203(*)	-.062	-.076	.054	-.118	-.005	.154	.026	-.202(*)	-.006	.077	.003	.006	-.122	-.013
	Sig. (2-tailed)	.279	.185	.108	.167	.970	.258	.016	.465	.372	.526	.163	.952	.069	.760	.016	.939	.369	.971	.999	.150	.875
	N	140	140	140	140	140	140	140	140	140	140	140	140	140	140	140	140	140	140	140	140	140
地区	Pearson Correlation	-.032	.000	.121	.099	-.091	-.111	-.069	.053	-.031	-.003	.045	.121	-.087	-.069	-.073	.062	-.216(*)	-.120	-.184(*)	.033	.004
	Sig. (2-tailed)	.708	.411	.156	.243	.286	.195	.418	.534	.714	.974	.601	.154	.309	.486	.393	.470	.010	.158	.030	.695	.962
	N	140	140	140	140	140	140	140	140	140	140	140	140	140	140	140	140	140	140	140	140	140
上市时间	Pearson Correlation	-.195(*)	-.159	-.323(**)	-.102	.183(*)	-.046	.138	.194(*)	-.052	.049	-.405(**)	.045	.167(*)	-.179(*)	-.116	-.235(**)	-.023	-.089	-.009	-.388(**)	-.110
	Sig. (2-tailed)	.021	.060	.000	.229	.031	.589	.103	.018	.543	.568	.000	.595	.049	.035	.173	.005	.784	.293	.917	.000	.196
	N	140	140	140	140	140	140	140	140	140	140	140	140	140	140	140	140	140	140	140	140	140

注：** 相关性在 1% 的水平上显著（双侧）；* 相关性在 5% 的水平上显著（双侧）。

附表 2　　公司财务治理与企业绩效回归分析（股改实施前后）

自变量	ROA (1) 04-06	ROA (1) 04-07	ROE (2) 04-06	ROE (2) 04-07	FCFPS (3) 04-06	FCFPS (3) 04-07	AIR (4) 04-06	AIR (4) 04-07	RIR (5) 04-07
Constant	0.128 (14.672)**	0.082 (7.450)**	0.097 (5.544)**	0.047 (2.147)**	0.063 (0.779)	-0.222 (-2.163)**	0.62 (4.43)**	0.177 (3.184)**	0.343 (2.193)**
ER							-0.698 (-3.692)**		
JP		0.419 (5.822)**		0.363 (4.035)**					
LP					-0.152 (-1.971)*				
DTAR	-0.224 (-2.963)**	-0.27 (-4.236)**							
TIE	0.103 (1.856)*	0.18 (2.819)**							
SDPS				0.156 (2.061)**				0.195 (2.566)**	
NM							-2.065 (-5.025)**		-1.567 (-7.195)**
Area			0.187	0.201	0.198				

续表

自变量	ROA (1) 04-06	ROA (1) 04-07	ROE (2) 04-06	ROE (2) 04-07	FCFPS (3) 04-07	FCFPS (3) 04-06	AIR (4) 04-07	AIR (4) 04-06	RIR (5) 04-07
Time			(2.520)**	(2.712)**		(3.131)**			
Policy1		-0.314 (-4.533)**		-0.311 (-3.621)**		-0.236 (-3.828)**			
Fshare*LP						-0.119 (-1.812)*			-0.135 (-2.307)**
Fshare*DPR					0.233 (2.931)**	-0.107 (-1.730)*	0.169 (2.192)**		
Fshare*SDPS	0.259 (4.399)**	0.196 (3.241)**	0.307 (4.188)**			0.15 (2.401)**			
Fshare*NM				0.25 (3.317)**				1.074 (5.324)**	1.348 (8.106)**
Fshare*IES									0.188 (1.820)*
Fshare*NIE	0.114 (1.821)*								
ER*LP							-0.33 (-4.032)**		

续表

自变量	ROA		ROE		FCFPS		AIR		RIR
	(1)		(2)		(3)		(4)		(5)
	04-06	04-07	04-06	04-07	04-06	04-07	04-06	04-07	04-07
ER * DPR							0.568 (4.903)**		0.302 (4.528)**
ER * NM					-0.355 (-5.130)**	-0.351 (-4.472)**	-0.372 (-2.575)**		-0.823 (-10.044)**
ER * IES									-0.253 (-3.634)**
LP * SDPS					0.438 (6.057)**		0.083 (1.713)*		
LP * NM	0.353 (4.192)**						-0.479 (-2.290)**		
LP * MS	0.206 (3.418)**		0.292 (3.905)**						
LP * MP	-0.099 (-1.647)*	0.124 (2.100)**							
LP * NIE	-0.483 (-6.323)**		0.146 (1.867)*						
JP * NM					-0.924 (-7.285)**		-0.174 (-1.843)*		
JP * MS		0.286			0.137		0.125		

续表

自变量	ROA (1)		ROE (2)		FCFPS (3)		AIR (4)		RIR (5)
	04-06	04-07	04-06	04-07	04-06	04-07	04-06	04-07	04-07
JP * IES		(4.844)**			(1.751)*		(2.315)**		
JP * NIE	0.314 (4.487)**				0.196				
CF * DTAR	-0.278 (-3.693)**				(3.008)**				
CF * SDPS							-0.186 (-2.850)**		
CF * NM							0.644 (6.1625)**	0.474 (5.861)**	
CF * AM							0.181 (2.468)**		
CF * ES						0.203 (2.643)**			
CF * NIE			-0.196 (-2.666)**						
DTAR * MP	-0.11 (-1.709)*		-0.144 (-1.695)*						

续表

自变量	ROA (1) 04-06	ROA (1) 04-07	ROE (2) 04-06	ROE (2) 04-07	FCFPS (3) 04-06	FCFPS (3) 04-07	AIR (4) 04-06	AIR (4) 04-07	RIR (5) 04-07
NM * DTAR					1.327 (9.622)**		1.329 (7.378)**		1.272 (7.519)**
NM * TIE	0.099 (1.778)*								
NM * CR	-0.173 (-1.873)*								
NM * DPR	-0.244 (-3.047)**								
NM * SDPS			-0.17 (-1.728)*		-0.179 (-2.591)**				
NM * MS					-0.256 (-3.792)**		-0.525 (-6.502)**		
NM * IES									-0.115 (-1.814)*
NM * MP							-0.175 (-2.114)**		
NM * NIE							0.738 (3.823)**		
AM * TIE	-0.102								

续表

自变量	ROA (1) 04-06	ROA (1) 04-07	ROE (2) 04-06	ROE (2) 04-07	FCFPS (3) 04-07	FCFPS (3) 04-06	AIR (4) 04-07	AIR (4) 04-06	RIR (5) 04-07
AM＊SDPS	(-1.832)＊					0.133 (2.098)＊＊			
AM＊ES	0.131 (2.281)＊＊								
AM＊IES								0.099 (1.734)＊	
AM＊MP	-0.139 (-2.470)＊＊		-0.231 (-3.152)＊＊		0.228 (3.104)＊＊			-0.099 (-1.748)＊	
AM＊NIE			0.127 (1.678)＊						
Adjusted R2	0.577	0.528	0.259	0.258	0.208	0.521	0.233	0.694	0.656
F - statistic	19.973	23.209	10.731	10.668	10.145	14.739	11.54	23.468	27.489
DW - statistic	1.945	2.077	2.11	2.058	1.552	1.56	1.928	2.017	2.091
样本数量	140	140	140	140	140	140	140	140	140

注:1. 括号内为检验的 T 值。2. ＊＊ 和 ＊ 分别表示在 5% 和 10% 的水平上显著。

附表 3　公司财务治理与企业绩效回归分析（全流通前后）

自变量	ROA (1)	ROE (2)	FCFPS (3)	AIR (4)	RIR (5)	PIR (6)
	07-09	07-09	07-09	07-09	07-09	07-09
Constant	0.092 (4.261)**	0.045 (3.305)**	-0.973 (-2.338)**	0.107 (3.223)**	-0.131 (-1.145)**	0.118 (0.517)**
MP						-5.367 (-6.570)**
LP			0.201 (2.375)**			
DTAR	-0.292 (-3.924)**	-0.145 (-1.936)*			0.215 (2.520)**	
CR	0.267 (4.209)**				0.284 (3.204)**	
SDPS						0.103 (1.663)*
MS		0.248 (3.320)**				
Area		0.134 (1.751)*			-0.268	
Policy2		-0.175				

续表

自变量	ROA (1) 07－09	ROE (2) 07－09	FCFPS (3) 07－09	AIR (4) 07－09	RIR (5) 07－09	PIR (6) 07－09
Fshare * DTAR		（－1.905）*			（－3.677）**	
Fshare * MS	0.148 （1.911）*	－0.128 （－1.703）*	－0.142 （－1.737）*			
Fshare * MP						3.839 （4.560）**
ER * LP				－0.135 （－1.695）*		
ER * SDPS	0.189 （3.003）**					
· ER * MS	0.113 （1.682）*					
ER * MP						－1.293 （－3.575）**
LP * SDPS		0.27 （3.548）**				

续表

自变量	ROA (1) 07-09	ROE (2) 07-09	FCFPS (3) 07-09	AIR (4) 07-09	RIR (5) 07-09	PIR (6) 07-09
LP * MP						-1.152 (-3.145)**
LP * NIE	-0.202 (-2.953)**	-0.137 (-1.653)*				
JP * CF	0.288 (3.961)**	0.268 (3.517)**				
JP * MP						0.409 (3.330)**
CF * SDPS				0.41 (5.243)**	0.246 (3.332)**	
CF * AM				-0.128 (-1.663)*	0.221 (3.126)**	
CF * ES	0.264 (4.209)**					
CF * IES				-0.132 (-1.663)*		
CF * MP	0.11					3.217

续表

自变量	ROA (1)	ROE (2)	FCFPS (3)	AIR (4)	RIR (5)	PIR (6)
07-09	07-09	07-09	07-09	07-09	07-09	07-09
	(1.748)*					(9.190)**
DTAR*NIE	0.265	-0.14		-0.128		
	(1.864)*	(-1.851)*		(-1.649)*		
NM*TIE					-0.253	
					(-3.552)**	
NM*CR				0.158		
				(2.018)**		
NM*MP	0.118	0.129				0.327
	(1.887)*	(1.735)*				(3.806)**
AM*MP	-0.11					
	(-1.754)*					
Adjusted R²	0.471	0.226	0.061	0.164	0.324	0.509
F-statistic	21.641	14.559	5.49	14.623	12.119	21.581
DW-statistic	1.835	1.973	2.071	2.023	2.087	1.89
样本数量	140	140	140	140	140	140

注:1. 括号内为检验的 T 值。2. ** 和 * 分别表示在 5% 和 10% 的水平上显著。

附表 4

公司财务治理与企业绩效回归分析（整个股改前后）

自变量	ROA	ROE	FCFPS	AIR	RIR	PIR
	(1)	(2)	(3)	(4)	(5)	(6)
	04–09	04–09	04–09	04–09	04–09	04–09
Constant	0.085	0.131	-0.523	0.447	0.152	0.859
	(4.932)**	(8.491)**	(-2.147)**	(5.188)**	(0.776)**	(1.705)**
ER				-0.346		
				(-4.184)**		
DTAR	-0.209		0.345			
	(-2.748)**		(4.962)**			
CR	0.23					
	(2.921)**					
SDPS		0.316				
		(4.521)**				
MS		0.245				
		(3.606)**				
IES			-0.735			
			(-2.742)			
Area			-0.127			
			(-1.806)*			
Time				-0.258		

续表

自变量	ROA (1)	ROE (2)	FCFPS (3)	AIR (4)	RIR (5)	PIR (6)
	04-09	04-09	04-09	04-09	04-09	04-09
Policy		-0.456 (-4.243)**		-0.307 (-3.510)**	-0.13 (-1.693)**	-0.141 (-1.689)*
Fshare*DTAR				(-4.308)**	0.408 (4.503)**	
Fshare*MS	0.251 (4.086)**			0.276 (3.221)**		
ER*LP					-0.31 (-3.629)**	
ER*AM			-0.498 (-4.664)**			
ER*MS			0.362 (3.161)**			
LP*DPR		-0.151 (-2.162)**				
LP*SDPS	0.274 (4.264)**		0.207 (2.907)**	0.2 (2.853)**		

续表

自变量	ROA (1) 04-09	ROE (2) 04-09	FCFPS (3) 04-09	AIR (4) 04-09	RIR (5) 04-09	PIR (6) 04-09
LP * MP						-0.186 (-2.220)**
LP * NIE	-0.413 (-4.950)**					
JP * CF	0.389 (4.490)**	0.588 (5.330)**				
JP * NM			-0.142 (-1.654)*			
CF * DTAR				-0.215 (-2.262)**	-0.229 (-2.389)**	
CF * NM				0.489 (5.363)**	0.563 (6.122)**	
CF * AM				0.155 (1.788)*		
CF * NIE		-0.186 (-2.494)**	-0.182 (-2.548)**			
DTAR * ES					-0.121	

续表

自变量	ROA (1)	ROE (2)	FCFPS (3)	AIR (4)	RIR (5)	PIR (6)
	04－09	04－09	04－09	04－09	04－09	04－09
DTAR * IES			0.97 (3.802)**		(－1.696)*	
DTAR * NIE	0.201 (1.686)*					
NM * SDPS		－0.148 (－1.777)*				
NM * ES					－0.125 (－1.767)*	
NM * MP	0.127 (2.078)**	0.185 (2.646)**				
Adjusted R²	0.487	0.375	0.357	0.358	0.309	0.028
F－statistic	19.872	12.927	10.649	12.069	13.432	4.931
DW－statistic	1.701	1.82	1.86	1.863	2.12	2.02
样本数量	140	140	140	140	140	140

注:1. 括号内为检验的 T 值。2. ** 和 * 分别表示在 5% 和 10% 的水平上显著。

附表 5　　　　　　　　　公司财务治理效率与冗余（模型 1）

Firm	OUTPUT SLACKS		INPUT SLACKS									
	ROA	AIR	Fshare	JP	ER	LP	DTAR	SDPS	AM	SM	MP	NIE
1												
2		0.056		0.454	0.971	0.039	0.583		0.009			
3												
4												
5												
6												
7		0.042	0.106	0.136		0.004	0.214		0.210			0.418
8												
9				0.047		0.012	0.050		0.087	0.914		1.227
10												
11												
12												
13												
14												
15												
16												
17												
18												
19				0.446	1.179				0.132	0.965	0.007	
20												
21												
22												
23		0.705		0.202			0.190	0.145	0.169			
24												
25												
26												
27												
28												
29												
30												
31												

Firm	OUTPUT SLACKS		INPUT SLACKS									
	ROA	AIR	Fshare	JP	ER	LP	DTAR	SDPS	AM	SM	MP	NIE
32												
33												
34												
35												
36												
37												
38												
39												
40		0.407	0.022	0.074	0.066	0.012	0.086		0.060	0.318		
41		0.073	0.037	0.300	0.216		0.097	0.606				
42												
43												
44			0.119	0.100		0.004					0.080	3.441
45												
46												
47		0.358	0.070	0.063			0.373			37.71		1.968
48												
49					2.388			0.545	0.08	3.753	0.284	0.307
50												
51												
52												
53												
54												
55												
56												
57												
58												
59												
60												
61						0.003	0.112		0.175	0.067		0.223
62												

续表

Firm	OUTPUT SLACKS		INPUT SLACKS									
	ROA	AIR	Fshare	JP	ER	LP	DTAR	SDPS	AM	SM	MP	NIE
63												
64				0.072	0.459	0.052	0.219		0.316			0.338
65												
66												
67												
68												
69												
70												
71		3.964	0.900	0.460			1.180	2.660	619.1	38.77	0.510	4.00

附表 6　　　　　　　　公司财务治理效率与冗余（模型 2）

Firm	OUTPUT SLACKS		INPUT SLACKS									
	ROE	RIR	Fshare	JP	ER	LP	DTAR	SDPS	AM	SM	MP	NIE
1			0.172	0.112		0.007	0.772			2.687		
2		0.161		0.441	0.873	0.053	0.596					
3												
4												
5				0.053			0.108	0.509			0.006	1.620
6												
7			0.193	0.235			0.415		0.181			0.227
8												
9				0.022		0.019	0.255		0.191	0.845		0.182
10												
11												
12												
13												
14												
15												
16												
17												
18												

Firm	OUTPUT SLACKS		INPUT SLACKS									
	ROE	RIR	Fshare	JP	ER	LP	DTAR	SDPS	AM	SM	MP	NIE
19												
20												
21												
22												
23		0.221		0.202			0.190	0.145	0.169			
24												
25												
26												
27												
28												
29												
30												
31												
32												
33												
34												
35												
36												
37												
38												
39												
40			0.087	0.225		0.007	0.094			1.021		
41		0.019	0.012	0.243		0.002	0.222	0.574				
42												
43												
44		0.127	0.087	0.075		0.007	0.232				0.080	3.557
45												
46												
47												
48												
49			0.001		1.799			0.435	0.100	4.271	0.299	0.127

Firm	OUTPUT SLACKS		INPUT SLACKS									
	ROE	RIR	Fshare	JP	ER	LP	DTAR	SDPS	AM	SM	MP	NIE
50			0.020	0.422		0.006	0.368		0.149			
51												
52												
53		0.206		0.226	1.803	0.001	0.023				0.071	
54												
55												
56												
57												
58												
59												
60												
61		0.118				0.001	0.109		0.186	0.088		
62												
63												
64		0.083		0.015	0.316	0.004	0.440		0.353			1.000
65		0.121				0.007			0.193			
66												
67												
68												
69												
70												
71		0.310	0.900	0.460			1.180	2.660	619.1	38.77	0.510	4.000

参考文献

巴曙松：《启动股权分置问题试点：中国股市转型的制度基础》，《中国金融》2005 年第 9 期。

曹红辉、刘华钏：《股权分置改革绩效评价：对大股东行为模式影响的分析》，《经济学动态》2009 年第 5 期。

陈小悦、徐晓东：《股权结构、企业绩效与投资者保护》，《经济研究》2001 年第 11 期。

陈晓、江东：《股权多元化、公司业绩与行业竞争性》，《经济研究》2000 年第 8 期。

陈远志：《上市公司经理激励机制的有效性分析》，《当代财经》2003 年第 6 期。

淳伟德、叶勇、陈璇：《股权分置改革对我国上市公司业绩影响的实证分析》，《预测》2009 年第 4 期。

淳伟德、王璞：《股权分置改革、自由现金流量与上市公司资本结构优化》，《西南民族大学学报》（人文社科版）2010 年第 8 期。

戴维斯、诺斯：《制度创新的理论：描述、类推与说明，财产权利与制度变迁》，上海三联书店 1994 年版。

丁守海：《股权分置改革效应的实证分析》，《经济理论与经济管理》2007 年第 1 期。

杜伟岸：《股权分置改革的制度视角》，西南财经大学出版社 2009 年版，第 21—26 页。

费方域：《论我国国有控股公司的组建与发展》，《经济研究》1996 年第 6 期。

冯根福、吴林江、刘世彦：《我国上市公司资本结构形成的影响因素分析》，《经济学家》2000 年第 3 期。

冯根福、吴林江：《我国上市公司并购绩效的实证研究》，《经济研究》2001 年第 1 期。

冯巧根：《论财务要素的构建》，《税务与经济》2000 年第 3 期。

干胜道：《所有者财务：一个全新的领域》，《会计研究》1995 年第 6 期。

高峻：《基于股权分置改革国有控股上市公司现金股利政策研究——来自中国上市公司的证据》，《武汉金融》2009 年第 7 期。

高晓红：《我中国上市公司股权融资偏好分析》，《投资研究》2000 年第 8 期。

龚洪文：《对完善我国上市公司财务治理结构的建议》，《财务月刊》2002 年第 11 期。

顾宝兴：《股权分置改革的制度缺陷》，《黑龙江对外经贸》2006 年第 7 期。

郭复初：《国家财务论》，西南财经大学出版社 1993 年版，第 31—45 页。

哈特：《企业、合同与财务结构》，费方域译，上海三联书店、上海人民出版社 2006 年版。

郝晓雁：《上市公司财务治理研究》，博士学位论文，西北农林科技大学，2007 年。

何君光：《股权分置改革刍议》，《中央财经大学学报》2005 年第 11 期。

贺正强、伍中信：《财务契约运行与财权动态配置研究》，《湖南财经高等专科学校学报》2009 年第 8 期。

胡旭阳：《股权分置改革：一个基于法与经济学视角的分析》，《财经论丛》2006 年第 7 期。

黄菊波：《上市公司治理结构与财务治理相关问题研究》，《财政研究》2003 年第 2 期。

黄满池：《股权分置改革对上市公司并购的影响》，《生产力研究》2008 年第 2 期。

黄庆华、牛飞亮：《西部大开发战略下的西北地区上市公司竞争力分析》，《科学经济社会》2010 年第 1 期。

黄庆华、牛飞亮：《企业网络理论与新古典主义企业理论范式异同——基于演化经济学视角》，《南京社会科学》2010 年第 2 期。

黄庆华、牛飞亮：《低碳经济目标下的西部企业战略转型——基于灰色数学模型的分析》，《科技与经济》2010 年第 2 期。

黄少安、张岗：《中国上市公司股权融资偏好分析》，《经济研究》2001 年第 11 期。

贾俐俐：《股权分置改革的制度分析》，《中共云南省委党校学报》2006 年第 5 期。

黎璞、陈晓红、刘剑锋：《改革的事件法研究》，《系统工程》2006 年第 7 期。

李秉祥：《我国公司的融资结构与治理结构的协调发展研究》，《电子科技大学学报》（社科版）2003 年第 3 期。

李健元：《非流通股缩股全流通：解救股市危局的惟一出路》，《财经问题研究》2005 年第 4 期。

李善民、徐沛：《Markowitz 投资组合理论模型应用研究》，《经济科学》2002 年第 2 期。

李善民、曾昭灶：《上市公司并购绩效及其影响因素研究》，《世界经济》2004 年第 9 期。

李仕明、唐小我、曾勇：《产权化激励机制的定量分析》，《电子科技大学学报》2001 年第 4 期。

李悦、熊德华、张铮等：《公司财务理论与公司财务行为——来自167 家中国上市公司的行为》，《管理世界》2007 年第 11 期。

李增泉：《激励机制与企业绩效——一项基于上市公司的实证研究》，《会计研究》2000 年第 1 期。

李增泉、孙铮、王志伟：《“掏空”与所有权安排——来自我国上市公司大股东资金占用的经验证据》，《会计研究》2004 年第 12 期。

李增泉、辛显刚、于旭辉等：《金融发展、债务融资约束与金字塔结构——来自民营企业集团的证据》，《管理世界》2008 年第 1 期。

廖旗平、陈建梁：《股权分置改革对价水平影响因素的实证分析》，《审计与经济研究》2006 年第 5 期。

林乐芬：《股权分置改革市场效应分析》，《南京社会科学》2006 年第 9 期。

林毅夫：《关于制度变迁的经济学理论：诱致性制度变迁与强制性制

度变迁》，《财产权利与制度变迁》，上海三联书店、上海人民出版社 1994
年版。

林钟高：《财务治理结构的核心与实现路径》，《经济管理》2003 年
第 3 期。

刘力军：《股权分置下我国上市公司偏好股权融资的实证分析》，《世
界经济情况》2005 年第 9 期。

刘伟四：《股权分置改革对公司治理的影响》，《当代经济》2006 年
第 9 期。

刘星、安灵：《大股东控制、政府控制层级与公司价值创造》，《会计
研究》2010 年第 1 期。

刘星、崔垚：《试论企业效绩评价体系》，《广西大学学报》（哲学社
会科学版）2000 年第 12 期。

刘星、魏锋：《我国上市公司融资顺序的实证研究》，《会计研究》
2004 年第 6 期。

刘远龙：《关于股权分置改革成败标准的探讨——兼与刘纪鹏、张卫
星商榷》，《中共铜陵地委党校学报》2006 年第 4 期。

陆正飞、叶康涛：《中国上市公司股权融资偏好解析——偏好股权融
资就是缘于融资成本低吗?》，《经济研究》2004 年第 4 期。

马曙光、黄志忠、薛云奎：《股权分置、资金侵占与上市公司现金股
利政策》，《会计研究》2005 年第 9 期。

V. W. 拉坦：《诱致性制度变迁理论》，《财产权利与制度变迁》，上
海三联书店、上海人民出版社 1994 年版。

倪馨：《转轨经济中我国股票市场的制度缺陷与政府行为》，《金融论
坛》2005 年第 10 期。

纳超洪、纳鹏杰：《股权分置改革、企业集团与上市公司财务战略绩
效》，《经济问题探索》2009 年第 2 期。

沈红波、葛辛、高新梓：《全流通时代的上市公司股权激励契约研
究》，《财贸经济》2010 年第 9 期。

沈艺峰、许琳、黄娟娟：《我国股权分置改革中对价水平的"群聚"
现象分析》，《经济研究》2006 年第 11 期。

宋健：《股权分置对券商一级市场业务的影响分析》，《商场现代化》
2005 年第 18 期。

宋健:《股权分置改革对股票二级市场的影响》,《统计与决策》2005年第 20 期。

宋献中:《企业理论与理财行为》,《暨南学报》(哲学社会科学版)2000 年第 5 期。

宋献中、汤胜:《中国股市"过度反应"与"规模效应"的实证分析——基于中国上海 A 股股票市场的检验》,《暨南学报》(哲学社会科学版) 2006 年第 3 期。

孙永祥、黄祖辉:《上市公司的股权结构与绩效》,《经济研究》1999年第 12 期。

孙永祥:《公司治理结构:理论与实证研究》,上海三联书店 2002年版。

孙铮、王跃堂:《资源配置与盈余操纵之实证研究》,《财经研究》1999 年第 209 卷第 4 期。

檀向球、提云涛、强立:《上市公司报表和实质性资产重组鉴别与分析》,《证券市场导报》1999 年第 6 期。

汤谷良:《经营者财务论——兼论现代企业财务分层管理架构》,《会计研究》1997 年第 5 期。

汪平:《财务理论》,经济管理出版社 2003 年版。

王斌:《现金流转说:财务经理的财务观点》,《会计研究》1997 年第 5 期。

王斌:《中国国有企业业绩评价制度:回顾与思考》,《会计研究》2008 年第 11 期。

王辉:《股权分置改革中投票成本与提案权的界定》,《经济科学》2006 年第 2 期。

王晓丹、孔繁星、杨清清等:《公司治理在股权分置改革中走向何方》,《技术与市场》2006 年第 9 期。

王绪君:《企业规模结构优化理论、比较、对策》,北京经济科学出版社 2007 年版。

王颖:《对我国股权分置改革的思考》,《财会月刊》2006 年第 23 期。

魏刚、杨乃鸽:《高级管理层激励与经营绩效关系的实证研究》,《证券市场导报》2000 年第 3 期。

吴超鹏、林周勇、郑方鑢等:《我国上市公司股权分置改革中对价支付影响因素的理论与实证分析》,工作论文,2005 年,第 2—11 页。

吴敬琏:《现代公司与企业改革》,天津人民出版社 1994 年版。

吴树畅:《公司治理结构模式的国际比较与选择》,《山东财政学院学报》2002 年第 2 期。

吴晓求:《股权流动性分裂的八大危害——中国资本市场为什么必须进行全流通变革》,《财贸经济》2004 年第 5 期。

吴晓求:《股权分置改革的若干理论问题——兼论全流通条件下中国资本市场的若干新变化》,《财贸经济》2006 年第 2 期。

吴智勇:《浅析股权分置改革》,《辽宁经济职业技术学院学报》2005 年第 4 期。

伍中信:《现代财务经济导论》,立信会计出版社 1998 年版。

伍中信:《建立以"财权"为基础的财务理论与运作体系》,《会计之友》2001 年第 4 期。

伍中信:《现代公司财务治理理论的形成与发展》,《会计研究》2005 年第 10 期。

伍中信、陈共荣:《我国公司财务治理理论研究述评》,《财会通讯》2006 年第 2 期。

伍中信、曹越、张荣武:《财务动态治理论纲》,《财经理论与实践》2007 年第 3 期。

伍中信、李莉:《上市公司股权结构对现金股利影响的实证分析》,《求索》2009 年第 4 期。

肖迪:《股权分置改革、机构投资者与市场反应——来自中国国上市公司的实证研究》,《财会通讯》2010 年第 12 期。

肖国元:《关于"股权分置"问题的思考笔记》,《股市动态分析》2004 年第 31 期。

肖国元:《股权分置改革是一连串事件》,《股市动态分析》2005 年第 34 期。

肖国元:《股权分置改革的利益视角》,《股市动态分析》2005 年第 35 期。

肖星:《中国上市公司现金股利决策研究》,博士学位论文,清华大学,2003 年。

谢志华：《出资者财务论》，《会计研究》1997 年第 5 期。

熊德华、唐国正：《市场微观结构：理论发展与实证分析综述》，《管理世界》2006 年第 8 期。

徐海勇：《浅析权证及其在股权分置改革中的应用》，《高校理科研究》2005 年第 4 期。

徐向艺：《公司治理：理论与实证研究》，经济科学出版社 2008 年版。

徐晓颖：《股权分置改革后上市公司现金股利研究》，《当代经济管理》2008 年第 1 期。

晏艳阳、赵大玮：《我国股权分置改革中内幕交易的实证研究》，《金融研究》2006 年第 4 期。

杨淑娥：《关于公司财务治理问题的思考》，《会计研究》2002 年第 12 期。

杨淑娥：《产权制度与财权配置》，《当代经济科学》2003 年第 1 期。

衣龙新：《财务治理理论研究》，博士学位论文，西南财经大学，2004 年。

于静：《股权分置改革对中国证券市场的影响研究：从利益输送和公司绩效视角》，博士学位论文，上海交通大学，2010 年。

余明桂、夏新平：《控股股东、代理问题和现金股利：来自中国上市公司的经验证据》，《南开管理评论》2004 年第 6 期。

袁国良、王怀芳：《股权激励的实证分析》，《资本市场》1999 年第 5 期。

张春霖：《从融资角度分析国有企业的治理结构改革》，《改革》1995 年第 3 期。

张春霖：《论国有企业的债务问题》，《改革》1996 年第 1 期。

张春霖：《国有企业改革与国家融资》，《经济研究》1997 年第 4 期。

张栋、杨淑娥：《论企业财权配置——基于公司治理理论发展视角》，《会计研究》2005 年第 4 期。

张敦力：《公司治理的核心：财务治理》，《中国审计》2002 年第 4 期。

张海霞：《股权分置改革对公司治理的影响》，《商业时代》2006 年第 16 期。

张继袖、陆宇建：《股权分置改革的市场反应研究——以中小企业板为视角》，《南京师范大学学报》（社会科学版）2006 年第 4 期

张良悦、刘东：《股权分置改革的一个经济学解释》，《经济体制改革》2006 年第 3 期。

张荣武：《财务治理效率论》，博士学位论文，湖南大学，2007 年。

张荣武：《财务治理效率论纲》，《财经理论与实践》2009 年第 7 期。

张维迎：《公司融资结构的契约理论：一个综述》，《改革》1995 年第 4 期。

张五常：《交易费用、风险规避与合约安排的选择：财产权利与制度变迁》，上海三联书店、上海人民出版社 1994 年版。

张新：《从上市公司绩效看中国经济增长的可持续性》，《经济社会体制比较》2003 年第 1 期。

张亦春、孙君明：《我国上市公司股权结构、股利政策与公司经理研究综述——基于股权分置改革后股权结构变化的研究视角》，《当代财经》2009 年第 7 期。

赵俊强、廖士光、李湛：《中国上市公司股权分置改革的利益分配研究》，《经济研究》2006 年第 11 期。

浙江证监局课题组：《股权分置改革后的上市公司治理监管：问题与对策》，2006 年。

郑江绥、袁宁：《股权分置及其对公司治理的影响——兼评股权分置改革》，《特区经济》2006 年第 1 期。

周业安：《金融抑制对中国企业融资能力影响的实证研究》，《经济研究》1999 年第 2 期。

周业安：《中国制度变迁的演进论解释》，《经济研究》2000 年第 5 期。

朱小平、景冰、杨妍：《股权分置改革与流动性定价问题》，《会计研究》2006 年第 2 期。

Agrawal J, Jaffe GN Mandelker, 1992, "The Postmerger Performance of Acquiring Firms: A Reexamination of an Anomaly". *Journal of Finance*, 47 (4): 1605 – 1621.

Allen F, Qian J, Qian M, 2005, "Law, Finance and Economic Growth in China". *Journal of Financial Economics*, 77: 57 – 116.

Alchain A A, 1953, "Biologicalanalogies in the Theory of the Firm: Comment". *American Economic Review*, 43: 600 – 603.

Banker R. D, A. Charnes, W. W. Cooper, 1984, "Some Models for Estimating Technical and Scale Inefficiencies in Data Envelopmentanalysis". *Management Science*. 30: 1078 – 1092.

Barnes J A, 1954, "Class and Committees in a Norwegian Island Parish". *Human Relations*, 7: 39 – 58.

Bebchuk L, J Fried, 2003, "Executive compensation: As an Agency problem". *Journal of Economic Perspectives*, 17 (3): 751 – 846.

Bebchuk L, J Fried, D Walker, 2002, "Managerial Power and Rent Extraction in the Design of Executive Compensation". *University of Chicago Law Review*, 69 (3):

Berglof, Erik, Von Thadden, 1994, "Shortterm Versus Longterm Interests: Capital Structure with Multiple Investors". *Quarterly Journal of Economics*, 109: 1055 – 1084.

Berkman H, Rebel A, Cole, Jiang Fu, 2003, "Expropriation, Regulation, and Firm Value: Evidence from Events in China. Working Paper".

Berle A, Means G. 1932. *The Modern Corporation and Private Property*. New York: Macmillim Publishing Co. : 28 – 57.

Bhagat S, Black B. 2000. Board Independence and Long-term Firm Performance. University of Colorado Working Paper.

Black B S, Jang H, Kin W. 2003. Does Corporate Governance Predict Firm's Market Value: Evidence from Korea. SSRN Working Paper.

Boubakri N, Cosset J C, Guedhami O, 2005, "Post Privatization Corporate Governance: The Role of Ownership Structure and Investor Protection". *Journal of Financial Economics*, 76: 369 – 399.

Bradley M A, Desai E K, 1988, "Synergistic Gains from Corporate Acquisitions and Their Division Between the Stockholders of Target and Acquiring Firms". *Journal of Financial Economics*, 21: 3 – 40.

Bukart M, Gromb D, Panunzi F, 1997, "Large Shareholders, Monitoring, and Fiduciary Duty". *Quarterly Journal of Economics*, 112: 693 – 728.

Byrd J. W. , K. A. Hichman, 1992, "Do Outside Directors Monitor Managers?" *Journal of Financial Economics*, 32 (2): 122 – 152.

Charnes A, W. W. Cooper, A. Y. Lewin, L. M. Seiford. 1995. *Data Envelopment Analysis: Theory, Methodology and Applications*. Boston: Kluwer Academic Publishers:

Chen, Kevin C. W. , Hong – Qi, 2000, "Earning management and Capital Resource Allocation, Evidence from China's Accounting – based Regulation of Rights Issue". Hong Kong University of Science and Technology working paper: 1 – 21.

Chen Zhiwu, Peng Xiong. 2001. Discounts on Illiquid Stocks: Evidence from China. Yale ICF Working Paper.

Claessens S. , Djankow S, 2000, "The Separation of Ownership and Control in East Asian Corporations". *Journal of Financial Economics*, 58: 81 – 112.

Clifford Holderness, Dennis Sheehan. 1998. Constraints on Large – block Shareholders. NBER Working Paper: 1 – 25.

Coase R H. 1991. *The Nature of the Firm: Origins, Evolution and Development*. Oxford: Oxford University Press: 61 – 74.

Comment R. G Jarrel, 1995, Corporatefocus, Stock Returns and the Market for Corporate Control". *Journal of Financial Economics*, 37: 67 – 88.

Core J R, Larcker D, 1999, "Corporate Governance, Chief Executive of Ficer Compensation, Firm Performance". *Journal of Financial Economics*, 51: 371 – 406.

Cotter J, A. Shivdasani, Zenner M, 1997, "Do Independent Directors Enhance Target Shareholder Wealth During Tender Offers?" *Journal of Financial Economics*, 43: 195 – 218.

Maillat D, Crevoisier O, Lecoq B. 1994. *Innovation Networks and Territorial Dynamics*. Berlin: Springer Verlag.

Demsetz H, 1983, "The Structure of Ownership and the Theory of the Firm". *Journal of Law and Economics*, (26): 375 – 390.

Demsetz H, 1988, "Ownership, Control and the Firm". *The Organization of Economic Activity*, Volume 1, Oxford: Basil Blackwell.

Demsetz H, Lehn K, 1985, "The Structure of Corporate Ownership:

Causes and Consequences". *Journal of Politicl Economy*, 93: 1155 – 1177.

Dine Janet. 2000. *The Governance of Corporate Group*. New York: Cambridge University Press.

Dyck A, Zingales L, 2004, "Private Benefit of Control: an International Comparison". *Journal of Finance*, 59: 537 – 600.

Ehrhardt O. , Nowak E. 2003. Private Benefits and Minority Shareholder Expropriation. Humboldt University and University of Southern Switzerland Lugano Working Paper.

Fama E, 1976, "Efficient capital market". *Journal of Finance*, (31): 143 – 145.

Fama E, 1980, "Agency Problems and the Theory of Firm". *Journal of Political Economy*, 88: 288 – 307.

Garen, 1994, "Executive Compensation and Principal Agent Theory". *Journal of Political Economy*, 102: 1175 – 1199.

Gibbons, 1998, "Incentives in Organizations". *Journal of Economic Perspectives*, 12: 115 – 132.

Goergen G, Renneboog L, Khurshed A, 2006, "Explaining the Diversity in Shareholder Lockup Agreements". *Journal of Financial Intermediation*, 15: 254 – 280.

Gompers P, Ishii J, Metrick A, 2003, "Corporate Governance and Equity Price". *Quarterly Journal of Economics*, 118: 107 – 155.

Gordon L, Pound J. 1997. *Governance Matters: An Empirical Study of the Relationship Between Corporate Governance and Performance*. Harvard University Press.

Grossman S, Hart O, 1986, "The Costs and Benefits of Ownership: A Theory of Vertical and Lateral Integration". *Journal of Political Economy*, 94: 691 – 719.

Grossman S, Hart O, 1988, "One Share—one Vote and the Market for Corporate Control". *Journal of Financial Economics*, 20: 175 – 202.

Hanouna P. , A. Sarin, A. Shapiro. 2002. Value of Corporate Control: some International Evidence. Marshall School Working Paper.

Harris M, Raviv A, 1988, "Corporate Control Contests and Capital

Structure". *Journal of Financial Economics*, 20: 55 – 86.

Harris M, Raviv A, 1990, "Capital Structure and The Informational Role of Debt". *Journal of Financial*, 45: 321 – 350.

Harris M, Raviv A, 1991, "The Theory of Capital Structure". *Journal of Financial*, 45: 321 – 350.

Hart O, 1983, "The Market Mechanism as an Incentive Scheme". *Bell Journal of Economics*, 14: 366 – 382.

Hart O, 1995, "Corporate Governance: some Theory and Implications". *The Economic Journal*, 105: 678 – 689.

Hart O, Moorve, 1995, "Debt and Seniority: An Analysis of Role of Hard Claims in Constraining Management". *American Economic Review*, 85: 567 – 585.

Hart O, Moorve, 1998, "Default Andrenegotiation: A Dynamic Model of Debt". *Quarterly Journal of Economics*, 113: 1 – 41.

Holderness C, Sheehan D, 1988, "The Role of Majority Shareholders in Publicly Held Corporations". *Journal of Financial Economics*, 20: 317 – 346.

Healy P M, K G Palepu, R S Ruback, 1992, "Does Corporate Performance Improve after Mergers". *Journal of Financial Economics*, 31 (2): 135 – 175.

Holderness C, Clifford, Sheehan D, 1998, "The Role of Majority Share Holders in Publicly Held Corporations". *Journal of Financial Economics*, (20): 317 – 346.

Israel R, 1991, "Capital Structure and the Market for Corporate Control: The Defensive Role of Debt Financial". *Journal of Finance*, 46: 1391 – 1409.

Jensen M, Meckling W, 1976, "Theory of Firm: Managerial Behavior Agency Costs and Ownership Structure". *Journal of Financial Economics* (3): 305 – 360.

Jensen M, 1986, "Agency Costs of Free Cash Flow, Corporate Finance, and Takeover". *American Economic Review*, 76: 323 – 329.

Jensen M, Murphy K, 1990, "Performance Pay and Top – management Incentives". *Journal of Political Economy*, 98: 225 – 264.

Jensen M, Smith C, 2000, "Stockholder, Manager, and Creditor Interest: Applications of Agency Theory". *Journal of Political Economy.*

Jensen M, Warner J, 2000, "The Distribution of Power Among Corporate Managers, Shareholders, and Directors". *Journal of Financial Economics*, 20: 3 – 24.

John K. Senbet L. M, 1998, "Corporate Governance and Board Effectiveness". *Banking and Finance*, 22: 371 – 403.

Kaplan S, Reishus D, 1990, "Outside Directorships and Corporate Performance". *Journal of Financial Economics*, 27: 389 – 410.

Karpoff J, P Malatesta, Walkling R, 1996, "Corporate Governance and Shareholder Initiatives: Empirical Evidence". *Journal of Financial Economics*, 42: 365 – 395.

Kreps D, 1997, "Intrinsic Motivation and Extrinsic Incentives". *American Economic Review*, 87: 359 – 364.

Lang Larry, Eli Ofek, Aene Stulz, 1996, "Leverage, Investment, and Firm Growth". *Journal of Financial Economics*, 40: 3 – 30.

Langtieg C, 1978, "Anapplication of Three Factor Performance Index to Measure Stockholder Gains from Merger". *Journal of Financial Economics*, 6: 365 – 383.

La Ports R. , Lopez – de – Silanes R. , Sheifer A. , Vishny R, 2000, "Investor Protection and Corporate Governance". *Journal of Financial Economics*, 58: 3 – 27.

La Ports R. , Lopez – de – Silanes R. , Sheifer A. , Vishny R, 2000, "Agency Problems and Dividend Policies Around the World". *Journal of Finance*, 55: 1 – 33.

Lipton M, Lorsh J, 1992, "A Modest Proposal for Improved Corporate governance". *Business Lawyer*, 48: 59 – 77.

Mafsulis, 1983, "The Impact of Capital Structure Change on Firm Value: some Estimates". *Journal of Finance*, 38: 107 – 126.

Magaret M. B, 1995, "Ownership and Control: Rethinking Corporate Governance for the Twenty – first Century". *Journal of Financial Economics*, 29 – 35.

Magenheim E B, Dennis C M, 1988, "Areacquiring – firm Shareholders better off after an Acquisition". *Journal of Financial Economics*, 3: 171 – 193.

Mark Kohlbeck, B. Mayhew. 2004. Agency Cost, Contracting, and Related party Transactions. Working Paper.

McConnell J, Servaes H, 1990, "Additional Evidence on Equity Owner Ship and Corporation Value". *Journal of Financial Economics*, 27: 595 – 612.

Mehran H, 1995, "Executive Compensation Structure, Ownership and the two Face of Debt". *Journal of Financial Economics*, 38: 163 – 184.

Ming Jian, T. J. Wong. 2003. Earnings Management and Tunneling Through Related Party Transactions: Evidence From Chinese Corporate Groups. Working Paper.

Monks, Robert, Nell Minow. 1995. *Corporate Governance*. Mass: Blackwell Publishers Inc.

Morck R, Shleifer A, VishnyR, 1988, "Management Ownership and Market Valuation: An Empirical Analysis". *Journal of Financial Economics*, 20: 293 – 315.

Myers, 1977, "Determinants of Corporate Borrowing". *Journal of Financial Economics*, 5: 147 – 175.

Myers, Majluf, Nicholas S, 1984, "Corporate Financial and Investment Decision when Firms have Information that Investor do not have". *Journal of Financial Economics*, 13: 187 – 221.

Myers, Stewart C, 2000, "Outside Equity". *Finance*, 3: 1005 – 1037.

Nadel S. F. 1953. *The Theory of Social Structure*. Cohen & West LTD.

Rafael L. P. , Florencio L. , A. Shleifer. 1998. Corporate Ownership Around the World. NBER Working Paper, 6625: 1 – 35.

Rajan R, Zingaales L, 1995, "What do We know about Capital Structure? Some Evidence from International Data". *Journal of Finance*, 50: 1421 – 1460.

Rosenstein S, Wyatt J, 1990, "Outside Directors, Board Independence, and Shareholder Wealth". *Journal of Financial Economics*, 26: 175 – 191.

Rosenstein S, Wyatt J, 1997, "Inside Directors, Board Effectiveness and Shareholder Wealth". *Journal of Financial Economics*, 44: 229 – 250.

Sappington D, 1991, "Incentives in Principal – agent Relationships".

Journal of Economic Perspectives, 5: 45 – 66.

Shleifer A, Vishny R, 1986, "Large Shareholders and Corporate Control". *Journal of Political Economy*, 94: 461 – 488.

Shleifer A, Vishny R, 1997, "A Survey of Corporate Governance". *Journal of Finance*, 7: 737 – 783.

Shleifer A, Vishny R, 2003, "Stock Market Driven Acquisitions". *Journal of Financial Economics*, 70: 295 – 311.

Smith A, 1990, "Corporate Ownership Structure and Performance". *Journal of Financial Economics*, 27: 143 – 164.

Stulz R, 1988, "Managerial Control of Voting Rights: Financial Policies and the Market for Corporate Control". *Journal of Financial Economics*, 20: 25 – 54.

Stulz R, "Managerial Control of Voting Rights: Financial Policies and the Market for Corporate Control". *Journal of Financial Economics*, 20: 25 – 54.

Tricker R. 1994. *International corporate governance*. London: Prentice Hall.

Williamson M, 1988, "Corporate Finance and Corporate Governance". *Journal of Finance*, 38: 567 – 591.

Wurgler J, 2000, "Financial Markets and the Allocation of Capital". *Journal of Financial Economy*, 58: 187 – 214.

Yermack D, 1995, "Do Corporations Award CEO Stock Options Effectively?". *Journal of Financial Economy*, 39: 237 – 269.

Yermack D, 1997, "Good Timing: CEO Stock Option Awards and Company News Announcements". *Journal of Finance*, 52: 449 – 476.

Zingales L, 1995, "Inside Ownership and Decision to go Public". *Review of Economic Studies*, 62: 425 – 448.

后　记

20 年前我还一个一无所知的小姑娘，背着简单的行囊迈入陕西财经学院的大门，自此与财务结下不解之缘。大学学习中杨淑娥教授对我的影响最大，她讲授的《财务管理》课程深入浅出，使我发现原来枯燥的报表数字是这么的有趣，激发了我学习财务的热情。随后硕士研究生阶段的学习，让我真正开始认识财务研究，发现原来财务不只是看报表那么简单，还有更深层次的内涵，财务战略、财务预算、绩效考核、财务关系等更多复杂的知识。我倘佯于财务知识的海洋，像海绵吸水一样地学习新的财务知识，思考现实中的财务问题。

在参与长庆油田的财务课题研究中，我对企业集团的营运资金管理产生了浓厚的兴趣，并就调研数据撰写了集团公司营运资金管理研究的学位论文。财务理论与实践的结合，解决现实中的问题，这只是研究的开始，随后一发不可收拾，我不断思考财务研究的创新。受税务筹划启发，财务筹划的思考一直在脑海中盘旋，并撰写论文"小议财务管理与财务筹划"发表在《财会月刊》2005 年第 9 期。我把这篇论文拿给杨淑娥老师看，她认真地分析了论文的不足。首先，概念的提出要有严格的依据和界定；其次，关于文中提出的"财务筹划"的相关思想其实就是当时学者提出的"财务筹划"概念，并且她本人也在作相关研究并已经发表。我找来相关的论文研读，发现财务治理的研究刚刚兴起，学者们对此有不同的概念界定。这引起了我极大的兴趣，并决定要认真思考研究这个财务新概念。

当时正处于中国资本市场重大的改革时期，股权分置改革推进的如火如荼。流通股股东与非流通股股东、股东与经营者、股东与债权人之间的利益关系复杂，不断博弈协调，造就了中国股市的诸多奇怪现象，"股权融资偏好"、大股东的"掏空现象"、股利分配的"铁公鸡现象"、支付对价的"锚定现象"等。诸多学者试图从财务治理的核心——财权配置着手解决这些问题，但如果没有建立起一个有效的资本市场，治理就无从谈起。"好制度可以让坏人做好事，坏制度让好人做坏事。"忘了这是谁的名言，确实很符合现实情况。通过制度引导人的自利行为，"主观为自己，客观为别人"是可以实现的。股权分置改革就是通过制度的改革来引导证券市场上利益相关者的行为，试图解决证券市场存在的诸多问题。所以，我萌生了研究股权分置改革对上市公司财务治理的影响的想法，但这么大的问题从何下手呢，我不断思考。

在攻读博士阶段，我才算真正进入了规范的财务研究阶段。我的博士生导师郑少锋老师讲授《计量经济学》让我掌握计量的基础知识和应用，而随后的学习和思考能够把计量方法运用到财务研究当中。无数的财务数据不再是散布在企业报表中的数字，具有了更多有规律的分布，股东的非理性行为得到解释，企业的价值评估也更加客观准确。密歇根州立大学的尹润生教授为我们开设的"Product efficiency evaluation"课程，介绍了评价生产效率的数据包络方法，即 DEA 方法。我发现这种非参数的方法非常好用，且对数据的要求不高，不用建立生产函数，而是通过线性规划建立多投入多产出的模型，并用样本点相对于边界的距离来评价效率，利用变量的冗余分析影响效率的因素。这些都为我研究研究股权分置改革对上市公司财务治理的影响打下了坚实的基础。从股权分置改革的政策目标着手，分析制度变迁对公司财务治理的影响路径，建立计量模型验证相关假设，引入 DEA 方法评价样本企业的财务治理效率，分析影响效率的敏感因素，有针对性地提出提升企业财务治理效率的对策。

到昆明理工大学工作后，进入了昆明理工大学的管理科学与工程博士后流动站，我继续研究公司财务治理问题，希望能进一步深入研究企业价值与公司财务治理的关系。在此期间获得了段万春老师的很大帮助，他从人力资源的角度建议应该更多地考察利益相关者之间的关系，给了我很大的启发。我深入思考外部和内部利益相关者之间的关系，虽然不同利益相关者的利益都会受到企业的影响，但其在公司财务治理中发挥的作用不同，外部利益相关者很难直接参与到公司治理中去，所以我把着眼点放在股东、债权人、高管等内部利益相关者在公司治理中发挥的作用。

斗转星移，工作的更换、生活的困难丝毫没有阻碍我走在财务研究道路上的步伐，我始终专注于自己的研究兴趣。在此我真诚感谢所有帮助我爱护我的人，没有你们的帮助，我的学术研究之路将走的更加艰辛，也不会取得现在的成果。感谢云南省哲学社会科学办公室对本著作的认可，感谢经济科学出版社编辑的认真审稿。本书是我出版的第一本专著，亦是我这些年研究的成果。本书受到云南省哲学社会科学办公室著作出版基金的资助，还受到中国博士后基金、云南省科技厅应用基础研究基金、云南省教育厅科学研究基金和昆明理工大学人才培养基金的资助。这本书并不那么尽善尽美，还有很多需要进一步研究的地方，我将不断努力，争取做出更多更好的成果，不辜负大家对我的期望。

黄庆华

2015 年 3 月 20 日于昆明莲花池畔